AF176765

Matthias Gundel

Zurück zum alten Sternenplatz

Geschichten zum Weiterdenken
Band 6

FSC
www.fsc.org
MIX
Papier aus ver-
antwortungsvollen
Quellen
Paper from
responsible sources
FSC® C105338

Impressum

Bibliografische Information der Deutschen Nationalbibliothek:
Die Deutsche Nationalbibliothek verzeichnet diese Publikation in der Deutschen Nationalbibliografie; detaillierte bibliografische Daten sind im Internet über http://dnb.dnb.de abrufbar.

Texte und Idee:
© 09/2021 Matthias Gundel

Lektorat und Covergestaltung:
Martina Gundel

Herstellung und Verlag:
BoD – Books on Demand, Norderstedt

ISBN: 978-3-7543-3402-7

Es war weder richtig Frühling, noch richtig Winter. Genau genommen war es auch kein Wochentag oder ein Wochenende. Irgendwie und irgendwas machte den heutigen Morgen zu etwas ganz Besonderem. Vielleicht war es ein Tag, den es so überhaupt noch nicht gegeben hat. Draußen war es jedenfalls noch leicht dämmrig, aber man konnte bereits die ersten Vogelstimmen hören. Die Luft war kühl und es roch ein bisschen nach einer Mischung aus Heu und Schnee. Schnee, das war genau das, was über Nacht erneut und zu mittlerweile unzählige Male in rauen Mengen vom Himmel gefallen war. Noch ein wenig schlaftrunken blickte Eli durch den Spalt in seinem Stall nach draußen.

„Noch ist nichts zu merken. Zum Glück, denn heute wird es bei diesem Wetter wieder einen erneuten Stehmarathon geben. Ich habe einfach keine Lust darauf. Es ist doch täglich immer wieder dasselbe. Arthur holt mich nach dem Frühstück ab und wir laufen ein paar Meter. Dann wieder die Musik und das Gerede mit den Menschen. Ja und ich soll mich nach Möglichkeit wieder ganz ruhig und freundlich verhalten. Es könnte ja was passieren und dann sind die Geschäfte kaputt.", dachte der Esel Eli so vor sich hin und merkte dabei gar nicht, dass sein Freund die Maus Sammy auch schon wach bei ihm war.

„Guten Morgen, lieber Freund. Na, wer wird denn da schon wieder so missmutig sein? Gibt doch gar keinen Anlass. Ich freue mich, dass wir wieder gemeinsam Zeit zusammen verbringen und Arthur, lass den doch spielen. Hauptsache, es gefällt ihm und wir sind unterwegs.", beschwichtigte die Maus Sammy und kroch dabei aus dem warmen Stroh hervor. Der Esel Eli konnte sich dabei ein leichtes Kichern nicht verkneifen, denn unser kleiner Esel war einer von der Sorte, die sehr kitzelig ist und wohl in jeder nur denkbaren Situation damit aus der Reserve zu locken ist.

Beide befanden sich in einem kleinen Stall, der zum Großteil mit Stroh auf dem Boden versehen war. Außerdem gab es für Eli auch einen Wassertrog und eine liebevoll eingerichtete Schlafgelegenheit. An zwei Seiten waren jeweils ein Fenster und besagte Schiebetüre, die einen kleinen Spalt geöffnet war. So langsam wurde aus der Dämmerung auch Tageslicht und Eli steckte vorsichtig seine neugierige Nase nach draußen.

Der Garten von Arthur und das angrenzende Wohnhaus waren mit Neuschnee bedeckt. Noch ehe sich Eli versehen konnte, überkam ihm ein herzhaftes „Hatschi", denn eine nicht gerade kleine Schneemenge flog aus dem nahe gelegenen Baum auf sein Maul herab. Rasch eilte Sammy hinzu und versuchte, so gut es ging, sein Lachen zu verkneifen. Eli, so war überall bekannt, war leider stets sehr schnell beleidigt, wenn man diesen auslachte. Das wollte sein Freund in Anbetracht der Tatsache, dass beide den Tag in bester Laune verbringen wollten, absolut nicht riskieren.

„Immerzu Schnee. Haben wir nicht erst die letzten Wochen ständig dieses Zeug gehabt? Brr und kalt ist es auch noch dazu.", murmelte der Esel Eli und zog sich wieder in seinen kleinen Stall in die gemütliche Ecke mit Heu zurück.

„Nun hab dich nicht so", besänftigte die Maus Sammy seinen Freund.

„Wir sind doch gleich wieder mit Arthur unterwegs und sehen jede Menge Leute. Außerdem spiele ich heimlich wieder für ihn die Musik in der Drehorgel."

Einige Zeit verging und die weit entfernte Turmuhr schlug mittlerweile 9:00 Uhr. Wie bei einem Fahrplan im richtigen Leben öffnete sich genau zu diesem Zeitpunkt die Stalltür und Arthur trat herein. Arthur gehörte besagtes Anwesen am Rande der Kleinstadt. Hier wuchsen allerlei Bäume, Sträucher, Blumen und eine unzählige Anzahl von Gemüsesorten.

Er war schon ein bisschen in die Jahre gekommen, was ihn aber an seiner Tatkraft und Begeisterung nicht minderte. Arthur gehörte auch der kleine Stall, in dem der Esel Eli und die kleine Maus Sammy lebten. Die beiden kennen wir ja jetzt schon, was aber an dieser Stelle ebenso wichtig war, war die Tatsache, dass Sammy eine sehr musikalische Maus war. Als diese noch in der Großstadt lebte, war er der Chefdirigent und ein äußerst bekannter Komponist. Nur eines Tages, da geschah es: Sammy hatte sich von der Probe eines neuen Musikstücks zur Ruhe gelegt und leider verschlafen. Sonst ist der kleinen Maus so etwas noch nie passiert, aber dieses Mal schon. Alles brachte eine Wendung in ihrem Mäuseleben, denn genau an diesem Tag wurde die alte Drehorgel an seinen neuen Eigentümer Arthur

Achtsamkeit verkauft. Seitdem lebte Sammy nach wie vor in der Drehorgel, aber eben nicht mehr bei den Freunden in der Stadt, sondern beim Esel Eli.

Genau mit dieser Drehorgel stand Arthur startbereit am Eingang des Stalls und wollte seinen Esel für den Spaziergang abholen.

Eli sträubte sich erst ein wenig, nahm dann aber die Sonne wahr, die mittlerweile schien und ließ sich vollends nach draußen führen. Wie wir wissen, ist der Esel ziemlich kitzelig und reagiert auf alle möglichen Dinge. Als dieser im ersten Moment in der Sonne stand, merkte der Esel den langsam schmelzenden Schnee gar nicht. Nein, es juckte ganz toll in seiner Nase und wie aus heiterem Himmel musste Eli erneut niesen. Esel sind in ganz seltenen Fällen nämlich sogenannte „Sonnennieser".

Arthur war trotz des mittlerweile milden Wetters gut bekleidet. Ein dunkelgrüner Mantel, eine rote Zipfelmütze und hohe braune Schuhe sollten ihn über den Tag genügend Wärme geben. Wie gesagt, wurde dieser neben seiner nostalgischen Drehorgel auch von seinem Esel Eli jeden Tag aufs Neue begleitet. Die Drehorgel war herrlich verziert und an einigen Stellen blätterte die Vergoldung ab. Wunderschöne Farbmischungen umspielten den Holzkasten, der von zwei Rädern geschoben werden konnte. Arthur stolzierte an diesem Frühlingstag mit dem Esel an der Leine und in der anderen Hand den Orgelkasten in Richtung des alten Sternenplatzes. Der alte Sternenplatz war schon seit Generationen ein sagenumwobener Ort. Man erzählte sich, dass dort ganz viele kuriose Dinge geschehen sind und man sich besonders in der Nacht am besten nicht alleine aufhalten sollte.

Auf den ersten Blick gab es da nicht viel Außergewöhnliches zu bemerken. In der Mitte stand eine große alte Laterne und darunter befand sich eine Sitzbank, die ebenfalls schon in die Jahre gekommen war. Am alten Sternenplatz gab es außerdem eine mittlerweile stillgelegte Fabrik. Diese entdeckte man, wenn man die Zufahrtsstraße der „99 Träume" gelaufen ist. Zufahrtsstraße ist hier auch nicht ganz so richtig, denn Autos durften hier schon seit langem nicht mehr fahren.

Das backsteinfarbene Gebäude war zwar über die Jahre gut erhalten, aber dennoch gab es da ein Hinweisschild, dass das Betreten strengstens verboten war.

Arthur konnte sich beim Vorbeilaufen die Erinnerungen an seine Zeit dort absolut nicht verkneifen. „Es war eine herrliche Zeit. Alle Kolleginnen und Kollegen waren zusammen wie eine große Familie. Alle haben sich super verstanden und gingen immer wieder gerne hierher.", dachte Arthur beim Gehen so vor sich hin. Was die verlassene Fabrik wirklich für ein großes Geheimnis hatte, das erfahren wir zu einem späteren Zeitpunkt noch ganz genau. Daran anschloss sich die Buchhandlung „Teestube". Das war ein kleines Haus, in dem Gisela Gelassenheit sowohl wohnte, als auch ihrem Hobby zu ihrem späteren Beruf machte. Gisela war über viele Jahrzehnte in der alten Fabrik beschäftigt und kannte Arthur Achtsamkeit nur zu gut. Sie waren schon immer sehr gute Kollegen und auch Freunde. Gemeinsame Erlebnisse aus ihrer Arbeitszeit ließen sie immer wieder von neuen an die gute alte Zeit am Sternenplatz erinnern.

Jetzt bietet Gisela Gelassenheit in ihrer Buchhandlung die herrlichste Literatur an. Die „Teestube" ist ein richtiges Kleinod, das im

Inneren vollkommen hellblau gehalten wurde. Angefangen von den Tapeten bis hin zur Einrichtung und dem Geschirr gab es alles nur in unterschiedlichsten Blaufarben. Gisela Gelassenheit wusste auch immer den neuesten Tratsch und Klatsch und war somit die erste Anlaufstelle, wenn es darum ging, etwas Neues zu erfahren.

Der alte Sternenplatz hatte noch einen weiteren besonderen Ort, das Atelier von Dingo Dankbarkeit. Zwischen dem Fluss der Unendlichkeit und der Teestube von Gisela Gelassenheit schmiegte sich das kunstvoll von außen und innen gestaltete Haus an.

Dingo hatte es sich richtig gemütlich gemacht. Ein verglastes Erdgeschoss ließ einen deutlichen Blick in sein Atelier lenken. Er war Künstler von einer ganz besonderen Eigenart. Daneben malte Dingo leidenschaftlich gerne Landschaftsmotive in der näheren Umgebung.

Gegenüber dem Atelier gab es noch ein ebenfalls in die Jahre gekommenes und fast verfallenes Fachwerkhaus.

Im Anschluss schließlich noch der Kiosk von Reinhilde Ruhepol, der ebenfalls seit Generationen bestand. Reinhilde Ruhepol war die erste Anlaufstelle für Arthur Achtsamkeit mit seiner Drehorgel und seinem Esel Eli. Es war wie ein festes Duo. Auf der einen Seite Dinge für den täglichen Bedarf, auf der anderen Seite beschwingte und fröhliche Musik aus der Drehorgel.

Den alten Sternenplatz machte schließlich noch die herrliche Baumallee am Ende vollständig. Und da war noch der Fluss der Unendlichkeit, über den bisher noch nie einer gegangen war und über den auch noch nie eine Brücke führte. Der Fluss hatte seinen Namen, weil niemand weder Ursprung noch Ende festlegen konnte.

Da war er also: Der alte Sternenplatz. Ein Ort, wie er einmaliger und zugleich ungewöhnlicher gar nicht sein konnte.

Alles begann mit dem fast täglichen Gespräch zwischen Arthur und Reinhilde am Kiosk. Reinhilde liebte es, sich mit dem Mann an der Drehorgel über alle wichtigen Lebensthemen jeden Tag aufs Neue auszutauschen. Dabei hatte sie immer zwei Tassen Schwarztee und ein Stück frisch gepresster Zitrone bereitgestellt.

Schon einige Meter vorher konnte man den lieblichen und intensiven Geruch ganz deutlich wahrnehmen. Auch der Esel Eli sollte es nicht schlecht haben, denn für ihn waren ein Wassertrog und etwas Gemüse bereitgelegt.

„Guten Morgen, lieber Freund. Irgendwie kann sich das Wetter nicht entscheiden. Frühling oder Spätwinter, langsam wird es mir irgendwie zu viel.", begann Reinhilde Ruhepol fast täglich ihre Konversation mit der aktuellen Wettersituation.

„Guten Morgen, ja du hast recht. Es ist doch immer wieder die alte Leier. An keinem Tag weißt du, was du anziehen sollst, weil das Wetter sich über Stunden hinweg nicht ändert. "

Feinsäuberlich lagen die verschiedenen Tageszeitungen auf der Ablage vom Kiosk, so dass Arthur einen kurzen Blick darauf erhaschen konnte. „Die Zeitungen schreiben doch auch immer dasselbe. Jeden Tag neue Meldungen über Katastrophen und was die Menschheit alles falsch macht. Letztendlich aber auch wiederum nichts Neues.", dachte Arthur laut vor sich hin und nahm einen kräftigen Schluck von dem leckeren Schwarztee. Nach diesem ersten Schluck drückte er stets ein paar Tropfen der frischen Zitrone in sein Getränk, da dies angeblich richtig munter machen sollte.

Eli genoss sein zweites Frühstück am Tag mit der kleinen Futterschale. Dabei kämpfte der Esel weiter mit seinem Nasekribbeln durch die mittlerweile stärker scheinende Sonne.

„Wird Zeit für ein bisschen fröhliche Musik oder Reinhilde?", stimmte Arthur ein und begann seine Drehorgel in Gang zu setzen. Eli räusperte sich, damit inzwischen die wohl wieder eingeschlafene Maus Sammy mit ihren Melodien begann. Die Musik war total verschieden und reichte von echten Klassikern hin bis zu eigenen Kompositionen von Arthur oder besser gesagt von der Maus Sammy. Wäre sie ein Mensch, dann wäre sie bestimmt auch ein ganz berühmter Komponist geworden.

Der alte Sternenplatz war schon immer einzigartig und gleichzeitig auch ein Anziehungspunkt für alle. Zwischen den unverwechselbaren Musikstücken gab es auch immer wieder die Gelegenheit für ein kleines Gespräch zwischen Arthur und Reinhilde.

„Sag mal, Arthur, was sind denn für dich Momente des Glücks?", fragte Reinhilde, die es liebte, tiefgründige Gedanken mit ihren Mitmenschen auszutauschen. „Da fragst du mich Sachen, meine teure Freundin.", begann

Arthur mit einem nachdenklichen Blick auf seinen Esel Eli und fuhr fort: „Glück ist für mich, wenn ich alles das machen kann, was mir Freude und Zufriedenheit bereitet. Weißt du noch, wie wir uns früher über unseren Chef in der alten Fabrik aufgeregt haben? Das war dann auch immer wieder Glück, wenn er mal außer Haus war und wir uns nicht über ihn ärgern mussten. Du weißt ja: Ärgern kann man sich immer und oft, aber man muss es nicht."

Arthur spielte weiterhin seine Melodien auf dem Leierkasten und genoss den schönen Augenblick am Kiosk bei Reinhilde Ruhepol. Im Laufe des Tages machte er noch einen kurzen Stopp bei seinem Freund Dingo Dankbarkeit in seinem Atelier. „Was ist bloß los in der Welt, alter Freund?", fragte Arthur nachdenklich, als sich dieser an der Eingangstüre zum Haus von ihm lehnte. „Arthur, die Welt, die Welt, Arthur, die wird sich weiter drehen. Den Menschen ist es wahrscheinlich noch gar nicht aufgefallen, was geschehen ist. Was meinst du?", antwortete Dingo direkt.

Arthur mochte diese Art, ist sie doch viel zu selten zu finden: Aufrichtigkeit und Ehrlichkeit sind wahrscheinlich auch Tugenden, die man über die Jahrzehnte verlernt hatte. Doch, wie kam es zu alle dem? Was meinen die beiden Freunde aus dem Sternenplatz nun ganz genau? Dazu muss man etwas in die Vergangenheit gehen, um die Zusammenhänge genau zu verstehen. Gehen wir also ein paar Jahrzehnte zurück.

Die große, backsteinfarbene Fabrik war zu dieser Zeit ein Anziehungspunkt für die Menschen. Einer der wichtigsten Arbeitgeber mit einer Vielzahl von Beschäftigten war hier angesiedelt. Was genau wurde hier produziert? Diese Frage konnte man nie richtig nachgehen, da es stets ein wohlgehütetes Geheimnis war. Es muss wohl ein Gegenstand oder eine Sache gewesen sein, die jeder brauchte und auch lebensnotwendig war.

Arthur war zu dieser Zeit noch ein ganz junger Mensch und Mitarbeiter in dieser Fabrik. Er machte bei einem der mächtigsten Experimente aller Zeiten mit, nur wusste er davon selbst nicht ganz genau.

Worüber sich Arthur immer wieder wunderte, war die Aufschrift an der Eingangstüre: „Halte deine Träume hoch" stand da in großen Lettern geschrieben. Kurioserweise war die Farbe jeden

Tag eine andere gewesen. Arthur bekam aber nie eine Antwort, warum dies so ist. Ähnlich ging es auch seinen Freunden und den Mitarbeitern, die dort alle ihrer Arbeit nachgingen. Jedenfalls stand fest, dass das besagte Stück oder der geheime Gegenstand überall auf der Welt verkauft wurde. Jeder, aber auch jeder, wollte es und jeder schätzte es. Zumindest für den Anfang und dann kam das eine oder andere Mal Ernüchterung. Manche haben die Sache schließlich beiseitegelegt, andere haben erfolglos versucht, sie zu verkaufen und manche haben sie auch einfach kaputtgehen lassen. Allerdings konnte man es nie mehr weggeben, denn einmal gekauft, gehört es einem ein Leben lang. Nichts war mehr zu machen, obwohl man damit hätte viel machen können. Den Gegenstand konnte man täglich aufs Neue benutzen, es wurde einem auch nie langweilig damit. Nur die Menschen, die diesen benutzten oder benutzen sollten, haben den Reiz im Laufe der Zeit entweder vergessen oder besonders zu schätzen gelernt.

Arthur dachte über diese Dinge am heutigen Abend ganz besonders und intensiv nach. „Weißt du Arthur, bei manchen Menschen muss man den Wegweiser zum Glück erst finden. Manchmal ist es ein viel zu langer Weg, der eingeschlagen werden muss, um das zu erreichen was du erreichen willst.", spann Dingo seine Gedanken weiter.

„Du hast recht, mein werter Freund. Wir hätten uns damals nicht überreden lassen sollen, die Firma aufzugeben. Alles war so einzigartig, wir alle waren wie eine Familie, ein super und riesiges Team. Alles ganz genau richtig. Wir waren zufrieden und haben überall Überraschungen in der Welt verteilt. Wahrscheinlich ginge es auch noch so weiter, aber was soll's? Die Zeiten haben sich geändert, aber zum Glück das Glück nicht.", entgegnete Arthur seinem Kollegen und Freund. Stillschweigend trat er mit Eli und seinem Leierkasten den Nachhauseweg an, denn es wurde mittlerweile schon kalt und auch dunkel. Zuhause angekommen blätterte Arthur in seinen alten Aufzeichnungen aus der Zeit von seiner Mitarbeit in der Fabrik, die nur einen Sprung weit von seinem Haus entfernt war.

1.7.1950

Egal, wie es aussieht. Es wird immer einen Weg geben, der sich dir offenbart. Du musst nur diesen gehen. Was war das heute wieder für ein kurioser Tag in der Fabrik? 10 Stunden gearbeitet, kaum eine Pause und dann auch noch der Abteilungsleiter. Noch mehr produzieren und an den Wochenenden hier reinkommen. Die Welt braucht es. So ein Wahnsinn! Ich habe doch keine Zeit mehr für mich. Muss jetzt ins Bett, um am anderen Morgen wieder fitt zu sein.

24.9.1950

Es liegt an dir, was du tust. Keine Ruhe, keine Rast. Es wird weiter durchgearbeitet. Ich kann fast nicht mehr. Aber was soll es, wenn der Gaul läuft, dann gehe mit ihm. Ich muss mir nur bewusst machen, dass ich immer mein Bestes gebe.

18.10.1950

Meine Träume liegen nicht weit entfernt.
Jetzt bin ich schon viele Wochen in der Fabrik. Es wird Zeit, dass ich meinen Traum verwirkliche. Ich wünsche mir, dass ich

vielleicht irgendwo einmal einen besonderen Leierkasten finde, mit dem ich in der Freizeit Musik machen kann. Von jetzt an spare ich dafür. Was es noch festzuhalten gibt: Ich muss meinem Chef mal Grenzen aufzeigen, da es so nicht mehr weitergehen kann. Immer nur noch mehr Arbeit. Aber: Es macht verdammt viel Spaß, hier in der Fabrik zu sein. Meine Freunde und Bekannten sind für mich wirklich zu einer festen Familie geworden.

20.12.1950
Kurz vor Weihnachten noch einmal eine Sonderschicht in der Fabrik. Es gibt eine neue Version und neue Modelle für die anspruchsvollen Nutzer. Ich muss mit ein bisschen Vorsicht vorgehen, denn im neuen Jahr wird es mit der Arbeit sicherlich nicht weniger. Trotzdem ein frohes Fest!

31.12.1950
Es wird etwas Spannendes passieren, hieß es heute in der Mitarbeiterversammlung.
Auch zum Jahreswechsel sind wir hier, aber was tut man nicht, wenn man in seiner Arbeit die wahre Berufung sieht. Ich bin gespannt, was das

nächste und die folgenden Jahre alles bringen werden.

So sinnierte Arthur den ganzen restlichen Abend in seinen Aufzeichnungen und wurde dabei etwas schwermütig. Sein Esel Eli und die Musikermaus Sammy machten es sich gemütlich und ruhten sich in ihrem Stall aus.

Am kommenden Tag stattete Arthur seiner langjährigen Kollegin Gisela Gelassenheit einen weiteren Besuch ab. Auch sie war sehr gerne und lange in der alten Fabrik und freute sich stets darüber, wenn sie mit Arthur den einen oder anderen Plausch halten konnte. Gisela Gelassenheit pflegte ein Lebensmotto: Folge deinem Herzen. Es kennt deinen Weg, wenn auch die Straßen nicht immer eben sein werden. Jedes Hindernis hat auch eine Lösung.

Mit ihr dachte Arthur Achtsamkeit an seine Gedanken vom gestrigen Abend und sprach die eine oder andere Zeile aus den fünfziger Jahren mit seiner Bekannten durch. Danach ging er mit seinem Leierkasten wieder an den alten Sternenplatz. Es war für ihn stets ein vertrauter Ort, der ihm die Züge des vergangenen Lebens immer wieder sehr gerne und auch intensiv in Erinnerung brachte.

Arthur Achtsamkeit war ein Zeitgenosse, der stets dankbar über seine Erfahrungen war. Selbst in traurigen und verzweifelten Lagen behielt er die Ruhe eines Marienkäfers auf einem Blatt. Viele Jahre vergingen, bis schließlich die Fabrik eines Tages geschlossen wurde. Hierzu dachte Arthur an einen weiteren Tagebucheintrag:

3.3.1971

Kämpfe, die du mit dir selbst ausmachst, sind oft die Härtesten überhaupt.

Ich kämpfe mit meiner Traurigkeit und meiner Hoffnungslosigkeit. Ende des Monats soll die Fabrik ihre Pforten schließen. Ich kann es noch immer nicht fassen. Ein entscheidender Lebensinhalt geht dahin. Gut, ich habe inzwischen meine Drehorgel, aber diese lässt noch nicht zu, dass ich meinen Lebensunterhalt vollständig damit bestreiten kann. Ich muss in diesem Umbruch auf der ganzen Linie meine neue Perspektive finden.

1.4.1971

Nicht immer braucht es eine Reaktion. Lassen wir auch den Kalender einmal für uns arbeiten. Und jetzt? Zu. Einfach zu! Meine Fabrik hat jetzt für immer geschlossen. Die Auftragsbücher waren voll, die Kunden zufrieden und die Mitarbeiter motiviert. Alles weg, wir sind am Ende. Was ist zu tun? Wohin geht die Reise? Ich sehe im Moment überhaupt keinen Schritt in die Zukunft.

Arthur Achtsamkeit war an diesem Tag so traurig wie noch nie zuvor. Die anderen Mitarbeiter verließen an diesem Tag ebenso stumm und ohne Mimik das Gebäude. Kurioserweise verschlossen sich im Anschluss alle sichtbaren Türen und Fenster mit einer grünen Holzfassade.

Das backsteinfarbene Gebäude sah von diesem Augenblick an auf der einen Seite wie ein Kleinod, auf der anderen Seite wie ein fremder Gegenstand in einer nie da gewesenen Welt.

Immer noch stand da die Frage im Raum: Was ist geschehen? Schauen wir dazu etwas genauer hin: Zur Lösung braucht es einen ganz besonderen Blick in die Physik.

Was gibt es in der Nacht, wenn der Himmel klar ist? Ja, genau, es gibt da Sterne. Unzählige Sterne funkeln mal stärker, mal schwächer am Himmel. Komischerweise verschwanden diese Sterne genau an dem Tag der Schließung der Fabrik scheinbar für immer. Die Sterne waren vom Himmel wie verschluckt. Arthur hatte dies gemerkt und sich schließlich auch noch ein paar Gedanken in sein Tagebuch geschrieben.

4.10.1971
Die Nächte sind nur noch schwarz, kein Funkeln oder Glitzern mehr am Horizont. Ein scheinbar so kurzer und vielleicht zunächst unscheinbarer Moment hallt in dieser Intensität ewig nach, dass es keine Sterne mehr gibt. Das muss etwas mit der Schließung der Fabrik zu tun haben. Ich muss mit dieser Vermutung einmal an meine Bekannten gehen.

Grundsätzlich war es seit diesem Tag am alten Sternenplatz so, dass die Gesamtsituation mehr als unscheinbar und verworren war. Die Menschen, die dort lebten, verschwanden von jetzt auf gleich in ihren Häusern und ließen sich selten, wenn auch manchmal gar nicht mehr blicken. Arthur Achtsamkeit hatte zum Glück seinen schönen Garten, sein großes Haus und seinen Esel Eli, der ihm über den Schmerz dieses heftigen Verlustes hinweghalf. Seine anderen Kollegen begannen damit, sich ihren Hobbys und auch ihren Planungen für die Zukunft zu beschäftigen. Schließlich trafen sie sich wieder im Laufe der Monate und Jahre beim flüchtigen Vorbeigehen am alten Sternenplatz.

Eines Tages geschah es dann, dass sie sich alle zu einem größeren und richtigen Gespräch wieder zusammenfanden.

„Die alte Fabrik hatte wirklich ein echtes Geheimnis und wir, wir wissen dies! Wenn wir wirklich etwas retten wollen, dann müssen wir uns auf den Grund des Geheimnisses begeben und dieses bergen. Wenn wir das haben, dann wird es auch wieder Sterne am Himmel und vielleicht auch Optimismus bei den Menschen geben.", dachte Dingo Dankbarkeit so vor sich hin. Seine Freunde gaben ihm recht und ergänzten fast im Gleichklang folgende Gedanken: „Lasst uns noch einmal in die alte Fabrik gehen und den Schaltplan vom abhandenen Geheimnis suchen.

Wenn wir es haben, dann können wir den Prototypen davon vielleicht reparieren. Und dann, dann aktiviert dies auch alles wieder, was bei den Menschen nicht mehr funktioniert.", ergänzte Gisela Gelassenheit die kleine angeregte Diskussion, die mitten auf dem alten Sternenplatz auf der Bank in der Nähe einer nostalgischen Straßenlaterne stattfand.

Heute war es ein herrlicher Tag, denn es wurde zusehends Sommer und man konnte das geschäftige Treiben der Natur auch am alten Sternenplatz ganz besonders toll wahrnehmen.

„Wie sollen wir das nur anstellen? Wir hatten und haben doch keinen Schlüssel für die alte Fabrik. Gibt es vielleicht irgendwo noch einen Geheimeingang oder vielleicht eine Kennung, damit sich eine der grünen Türen dann doch noch einmal öffnen kann?", fragt Arthur ausführlich nach. Nach ein bisschen überlegen aller Beteiligten kamen sie zu folgendem Entschluss: Um Mitternacht an demselben Tag wollten sie sich alle am Haupteingang der alten Fabrik treffen. Dort wollten sie versuchen, in das Gebäude zu steigen, ohne auch nur den Anspruch zu haben, wirklich die Lösung des Problems zu finden.

Wir müssen an dieser Stelle wissen, dass alle Beteiligten bereits wussten, was geschehen ist. Die fehlenden Sterne am Himmel konnte man ganz klar darauf hin zurückführen, dass die Menschen viele Werte und positive Eigenschaften im Laufe ihres Lebens immer mehr verloren oder auch verlernt haben. Immer dann, wenn eine bestimmte Eigenschaft nicht mehr oder nicht mehr richtig angewendet bzw. im Alltag eingebracht wird, dann erlischt einer der Sterne. Erlischt einer der Sterne, kann es sein, dass auch andere sich verstecken oder von der Bildfläche, besser gesagt von der Himmelsfläche, verschwinden.

Was steckt nun in allen diesen Überlegungen? Nun, die Menschen sollten von Geburt an ein gewisses Potenzial mit sich bringen, wie man im Alltag nicht nur mit sich selbst, sondern auch mit anderen umgehen sollte. Oftmals ist es leider so, dass dies den Menschen vollkommen egal ist. Sie denken nur noch an sich und sehen weder Sorgen noch Nöte des Nächsten. Aber nicht nur diese Tatsache, sondern auch Missmut, Hass, Neid und noch viele weitere negative Eigenschaften haben dazu beigetragen, dass der geheimnisvolle Gegenstand nicht mehr funktioniert hat. Irgendwie hat das Gerät mit einem Mal bei immer mehr Menschen den Geist aufgegeben. Wichtig ist, dabei zu erwähnen, dass das Gerät hauptverantwortlich für das Funkeln, Glitzern und Leuchten von Sternen am Himmel war. Also immer, wenn es für die Beteiligten ein positives Feedback oder ein positives Erlebnis gab, wurden diese mit dem Leuchten von Sternen beschenkt. Da aber nun immer mehr Menschen sich in ihrem Leben viel zu egoistisch und gleichzeitig zu rechthaberisch verhielten, wurden die kleinen Maschinen immer weniger beachtet. Gibt es Dinge, die weniger Beachtung bekommen, dann verlieren diese an Bedeutung. Schließlich vergaß man alles und es ging auch den Menschen überall auf der Welt so.

Nun zurück zu den Begebenheiten am alten Sternenplatz: Es war einer der heißesten Sommertage des Jahres, als sich Gisela, Dingo, Reinhilde und Arthur erneut neben der Straßenlaterne trafen. Es muss wohl kurz vor Mitternacht gewesen sein, als sie sich leise und sanft in Richtung der alten Fabrik begeben hatten. Noch immer war allen nicht klar, wie sie in das Gebäude gelangen, um die Lösung des

Problems zu finden. Vor dem Gebäude befand sich eine Litfaßsäule, die den Mitarbeitern stets wichtige Informationen aus der Firma mitgeteilt hatte. Bis zum heutigen Abend war keinem der Beteiligten auch nur annähernd bewusst, dass diese Litfaßsäule eine geheime Tür hatte, die sich bei richtiger Handhabung von selbst öffnete. Gut, es gab schon das eine oder andere Gerücht, dass eine solche Türe existieren sollte, aber so richtig nachgefragt hatte damals niemand. Was sollte geschehen? Reinhilde Ruhepol war eines der klügsten Köpfe in der alten Fabrik und ging zielgerichtet auf die Litfaßsäule vor der alten Fabrik zu. Zum Glück war es eine Vollmondnacht und man konnte alles sehr gut auch ohne große extra Lichtquellen erkennen. Reinhilde Ruhepol betrachtete wohl zum ersten Mal in ihrem Leben die Litfaßsäule ganz genau. „Du wirst doch nicht etwa…", wollte Arthur gerade beginnen zu fragen, als dieser abrupt unterbrochen wurde. „Warte mal, mein lieber Freund! Hier scheint es eine kleine Öffnung zu geben, ich muss sie noch ein bisschen genauer ertasten.", sprach Reinhilde in vollkommener Ausgeglichenheit zu den anderen.

Stillschweigen herrschte und nur aus der Ferne hörte man einen Waldkauz rufen. Die Luft war windstill und ein wenig kühl. Minute um Minute verging, bisher noch kein Ergebnis. Doch dann wie aus heiterem Himmel: „Leute! Leute, ich hab's! Es gibt tatsächlich eine Öffnung hier an der alten Litfaßsäule. Ich werde jetzt mal versuchen, diesen unscheinbaren Griff nach unten zu drücken", sprach Reinhilde weiterhin in einem vollkommen ruhigen Ton. Gespannt schauten die anderen Beteiligten ihrer Kollegin und Freundin aufmerksam zu. Ein kleiner Ruck und es öffnete sich tatsächlich eine Tür in der alten Litfaßsäule. Wie in Trance nahmen alle vier den Weg ins Innere und waren mehr als überrascht, was sie dort sahen. Es war ein lichtdurchfluteter Raum, der weitgehend aus Steinen bestand, die von allerlei Farben angestrahlt wurden. Eine Treppe führte scheinbar zunächst ins Nichts, ließ sie aber auch kaum von dem Gedanken abbringen, dass sie dieser folgen sollten.

Wie im Gänsemarsch gingen alle vier Freunde die Treppe hinunter und befanden sich wenige Augenblicke später tatsächlich im alten Fabrikgebäude.

Die Atmosphäre hatte etwas Unheimliches. Alles war so, wie sie es am letzten Tag verlassen hatten. Die Maschinen waren teilweise noch bestückt, die Auftragsbücher lagen aufgeschlagen auf den Tischen und wenn man genau hin hörte, dann konnte man die ein oder andere vertraute Stimme aus vergangenen Tagen erahnen. Im Gebäude war alles hell erleuchtet und mit einem Mal war auch die Schrift des Eingangs „Halte deine Träume hoch" ganz klar und deutlich zu erkennen.

Arthur Achtsamkeit fragte nun gezielt in die Runde: „Meine lieben Freunde, wo glaubt ihr, gibt es einen Ort mit den versteckten Plänen zur Wiederherstellung von ihr wisst schon was?", fragte er in die Runde. Ratlose Blicke und zuckende Schultern bekam Arthur Achtsamkeit als Antwort. In all der Erinnerung liefen die vier Freunde durch die Fabrikhallen und kamen dabei mit der einen oder anderen Überlegung in eine rege und schier unendliche Diskussion über vergangene Tage.

Im Laufe ihres Rundgangs standen sie schließlich vor einer alten braunen Holztür. Auf der Tür stand geschrieben: Büro des Chefs. „Klar, warum denn nicht gleich! Wieso sind wir nicht vorher darauf gekommen? Der Chef ist der Hüter des Geheimnisses. Der Chef hat mit Sicherheit eine Antwort auf die Frage, wie „ihr wisst schon was" wieder funktionieren könnte und der Mechanismus von „ihr wisst schon was" auf alle anderen übertragen werden kann.", sprach Dingo Dankbarkeit in vollster Überzeugung. Seine Freunde nickten nur und stimmten ihm somit stillschweigend zu.

Dingo Dankbarkeit öffnete die Tür zum Büro des Chefs. Diese hatte schon immer ein wenig geknarzt, so auch heute, an diesem wichtigen Tag. Wenige Sekunden später standen alle vier in dem kleinen Büro. Nur ein winziges quadratisches Fenster ließ ein wenig Licht in das Zimmer fallen. Dies war überraschenderweise nicht mit einer grünen Holzpalette verdeckt. Das Licht wie eine Art stummer Zeigefinger auf den Schreibtisch des Chefs, der in der Mitte des Raumes stand. Gisela Gelassenheit erkannte dies sofort und setzte sich wie von Selbstverständlichkeit geprägt an den Schreibtisch ihres ehemaligen Chefs.

Mit einer Hand öffnete sie die Schubladen, die auf der linken Seite waren. Allerdings war alles leer oder beinhaltete nichtssagende Papiere.

Die rechte Hand war da schon ein bisschen erfolgreicher. Das zweite Schubfach von oben hatte eine interessante Mappe. Diese Mappe mit einem beigen und zerrissenen Umschlag legte Gisela Gelassenheit auf den Tisch vor ihren drei Mitbegleitern.

„Liebe Freunde, wenn nicht jetzt, wann dann? Wenn nicht wir, wer denn dann? Wenn nicht das, was denn dann?", sprach Gisela Gelassenheit in einer Selbstverständlichkeit.

Arthur nahm die alte Mappe vorsichtig in seine Hände, allerdings waren die Blätter darin nicht gut befestigt. Auf einmal lagen sämtliche Papiere auf dem Boden verstreut und alle Freunde waren ein wenig hektisch und panisch, dass nun vollständiges Chaos herrschte.

Behutsam und vorsichtig hob Gisela Gelassenheit die Papiere auf und legte sie erneut auf den ehemaligen Tisch ihres alten Chefs. Dingo Dankbarkeit gelang es, binnen weniger Minuten eine Ordnung in das Papierchaos zu bringen.

Dingo war nämlich in der Endproduktion der geheimnisvollen Gegenstände beschäftigt, so dass dieser wusste, welche Teile an welche Stelle gehörten. Nur weil die Maschine so komplex war, konnte sich Dingo die Zusammenhänge nicht merken. Freudig und zufrieden verließen die Freunde schließlich wieder über die Treppe durch die angrenzende Litfaßsäule die alte Fabrik und begaben sich auf dem Weg nach Hause.

Arthur konnte in dieser Nacht schlecht schlafen und wachte fast stündlich wieder auf, damit er das geplante Treffen nicht verpasste. Hingegen sein Esel Eli und die Maus Sammy hatten eine ruhige Nacht und von alledem nichts mitbekommen.

Die Turmuhr schlug 8:00 Uhr und ein paar Minuten später befanden sich alle ehemaligen Kolleginnen und Kollegen, wie heimlich beschlossen, vor dem alten Fachwerkhaus am alten Sternenplatz. Das Besondere an diesem Fachwerkhaus war, dass es keinerlei große Hilfe bedurfte, dieses zu betreten. Es war nur ein wohlgehütetes Geheimnis, welche der Türen man problemlos öffnen konnte.

Gisela war zum Glück sehr findig und wusste dies, so dass alle ins Fachwerkhaus gelangten. Hier war es nicht besonders schwierig, den Prototyp der Maschine ausfindig zu machen, da sich in diesem Haus ohnehin nicht viel befand.

Kurze Zeit später standen alle um die mysteriöse Materie, wobei Dingo Dankbarkeit sich dieser gleich annahm. Es folgten einige Reparaturen, gemeinsame Überlegungen und leichte Veränderungen, bis das Gerät scheinbar wieder in Gang gesetzt war. Doch konnte man die Maschine nur in der Nacht vollkommen in Betrieb nehmen, um zu sehen, ob diese funktionierte. Der Tag verging schleppend und alle waren gespannt, bis es endlich draußen wieder dunkel wurde. Dunkel ist hier genau der richtige Begriff der, denn es war wolkenlos und der Mond schien noch immer sehr hell und kräftig am Himmel. Nach wie vor fehlten allerdings die Sterne, was sich aber in der heutigen Nacht ändern sollte.

Erneut trafen sich die Freunde im Fachwerkhaus am alten Sternenplatz und versuchten, die Maschine in Betrieb zu nehmen. Arthur und Gisela wollten ein Fenster öffnen, was ihnen allerdings nicht richtig gelang. Nicht nur das Fenster, sondern auch ein Stück der gesamten Wand ist in diesem Fall herausgebrochen. Gut genug, damit die Maschine auch freie Sicht zum Himmel erlangte. Anfängliches Probieren brachte leider keinen Erfolg. Ein wenig später wurde die Maschine leicht warm und auch ein wenig heller.

Dingo erinnerte sich, dass dies der richtige Mechanismus war, damit die Sterne erneut an den Himmel projiziert werden konnten. So geschah es dann auch: Binnen weniger Minuten machten sich die Sterne auf den Weg an den Himmel und wie vorgestellt entstanden an allen Ecken und Enden die herrlichsten und unterschiedlichsten Gestirne. Sie waren entweder groß oder klein. Sie waren ein bisschen funkelnd oder auch richtig grell. Alles in allem war die Aktion ein voller Erfolg und der Sternenhimmel erleuchtete wie vor Jahren zuvor schön und in voller Pracht.

Still, aber auch glücklich und zufrieden verließen sie das alte Fachwerkhaus und gingen zurück in ihre Wohnungen. Sehr gespannt waren alle, was der erste Tag nach dieser Aktion mit sich brachte. Wie immer begab sich Arthur mit seinem Esel Eli und der Drehorgel auf den Weg zum alten Sternenplatz, als dieser das erfreuliche Ereignis zuerst wahrnahm.

Ganz in der Nähe des alten Sternenplatzes gab es den Fluss der Unendlichkeit. Dieser trennte eine nach außen einmalig aussehenden Garten-

oder Parkanlage vom alten Sternenplatz ab. Noch nie gelang es, dort einen Fuß hinzusetzen oder auch den Versuch zu starten, die alte Anlage zu erreichen. Heute war es anders. Mit einem Mal stand da eine feste und einladende Holzbrücke, die den alten Sternenplatz mit dem Garten bzw. dem Park verbunden hatte.

Arthur konnte gar nicht schnell genug zu seinen Freunden gehen, um ihnen diese erfreuliche Mitteilung bekannt zu geben. Auch hier dauerte es nicht lange, als alle wie Kinder am Heiligenabend vor der Brücke zur alten Park- bzw. Gartenanlage standen.

Sanft und behutsam schritten diese über die Brücke und erreichten die Anlage. Ein herrliches Ereignis bot sich ihnen. Man kann sich dies nicht als eine typische Anlage vorstellen, die nur Blumen oder Sehenswürdigkeiten hatte. Nein, man konnte sich den Park so in das Bewusstsein rufen, dass es dort die unterschiedlichsten Symbole, Bilder und auch Sprüche gab, die eine Art Erinnerung und auch Visionen mit sich brachte.

Somit gelang es den Freunden, durch die reparierte Sternenanlage auch eine Brücke zu dieser herrlichen Landschaft zu schlagen.

Schließlich wurde der alte Sternenplatz nicht nur ein Symbol der Hoffnung und der Zuversicht, sondern auch ein Ort, in dem sich das eine oder andere Neue bzw. das eine oder andere Bekannte widerspiegelte. Eine Freude, die die Kollegen aus der Fabrik nun mit allen teilen wollten. Das Schöne daran war zudem, dass die außer Betrieb geglaubten Geräte der Menschen auf der ganzen Welt funktionierten und sich urplötzlich ein weitreichender Optimismus breitmachte.

Beim gemütlichen Laufen durch diese Park- und Gartenanlage bekam man auch die Gelegenheit, die eine oder andere kleine Geschichte zum Weiterdenken zu lesen.

Alles war ruhig, selbst der Wind der letzten Tage machte eine Pause und zudem war es an diesem Morgen auch noch sehr still. Die Sonne versteckte sich noch zaghaft hinter der Anhöhe, aber der Himmel war bereits in einem hellorangeroten Ton gefärbt. Solch eine Himmelsfärbung mochte die Taube Uli ganz besonders gerne. Machte es doch viel Spaß, ein paar Runden in der Luft zu drehen, um sich dabei die Welt ein bisschen genauer zu betrachten.

„Irgendetwas war in diesen Tagen anders", dachte die Taube so vor sich hin. Es waren keine Flugzeuge unterwegs und das sonst so verschleierte Blau am Horizont konnte seit Ewigkeiten einmal wieder voll zur Geltung kommen.

Tauben lieben diesen Augenblick, an dem ihre Freunde zwar schon mit dem Frühlingsgesang begonnen, aber viele von ihnen vielleicht noch zu müde waren, um ebenfalls ein bisschen zu fliegen.

Uli sog diesen Moment voll in sich auf und freute sich auf einen entspannten Tag, den er auf der kleinen Anhöhe mit Waldstück nur allzu gerne verbracht. Tauben sind nämlich nicht nur ganz edle Tiere, sondern auch Zeitgenossen, die es sich stets sehr gut gehen ließen.

Die Wiese vor dem Wald blühte in den herrlichsten Farben: Bunt verteilt konnte man Löwenzahn, Gänseblümchen und eine Vielzahl weiterer Blumen auch aus der Luft entdecken. Es roch nach frischem Tau und gemähtem Gras, denn ein Teil der Wiese wurde vermutlich vor kurzem besonders ordentlich gestaltet. Uli kreiste weiter über die Landschaft und beobachtete, wie sich die Sonne langsam ihren Weg am Horizont bahnte. Minute um Minute wurde die warme Kugel größer und mehr zu ersehen. Tauben liebten auch das ganz besonders, wenn sie ungestört einen Sonnenaufgang erleben durften.

Es gab einen einmaligen Platz für die Taube Uli, auf dem sie manchmal unzählige Zeit saß, um einfach das bunte Treiben in und um den Wald genauestens zu studieren. Die Rede war von einem riesigen Baum, den es wohl schon Hunderte von Jahren gab. Mal angenommen, dass Bäume in dieser Gegend auch wirklich so lange existierten und nicht irgendwelchen Katastrophen zum Opfer fielen.

Unsere Taube hatte auf diesen Baum eine Stelle, die sie schützt und ihr gleichzeitig ganz viel Raum zum Sehen gibt. Es ist kein Geheimnis, dass Tauben mitunter auch spontane kleine Schlaf-Erholungs-Pausen brauchten, denn vom vielen Fliegen wurden sie meist auch relativ rasch ziemlich müde. Heute Morgen war dies aber ganz anders, denn Uli hatte bereits lange geschlafen und wollte nur seiner Neugier etwas nachgehen, weshalb die Taube auf ihrem Beobachtungsposten Platz nahm.

Der Baum ist schon wirklich etwas ganz Besonderes. Wir wissen ganz sicher, dass es verschiedene Arten davon gibt, aber dieses Exemplar hatte von allem etwas. Obwohl Uli ein präziser Entdecker war, war ihm diese Eigenschaft gar nicht so richtig auf Anhieb aufgefallen. Da gab es Stellen, wo der Baum schon richtig schöne, kräftige Blätter hatte, aber auch ebenso Bereiche, die gerade erst voll in der Blüte standen. Blickte man wiederum in eine andere Richtung, wurde die goldgelbe Herbstfärbung, genauso wie ziemlich kahle Stellen sichtbar.

Uli war gerade kein Meister im Denken und im Nachdenken schon gar nicht, denn das kostete nur die viele schöne Zeit, die man mit dem Genuss der Gegenwart besser ausnutzen konnte. Tauben, so ist vielleicht allseits bekannt, sind zwar kluge Tiere, aber haben auch nur begrenzte Energie, um sich tatsächlich Gedanken über etwas zu machen.

Da stand er also der außergewöhnliche Baum und Uli war stolz, dass er seine Heimat gefunden hatte und fühlte sich daher pudelwohl. Auch wenn das Wort pudelwohl an dieser Stelle merkwürdig gewählt sein mag, besser ist taubenwohl.

Es gab den Baum und im Anschluss ein nettes kleines Wäldchen auf einer Anhöhe. Davor war eine saftig grüne Wiese und was aber nun nicht fehlen durfte, war ein umso extravagantes Haus.

Eine lila Fassade hatte das Haus und alles ringsherum wirkte mystisch, wobei die Fensterrahmen mit einem satten Gelbton angestrichen waren. Ein Dach? Das gab es natürlich auch, aber mit einer Besonderheit: Es war auf der einen Hälfte mit dunkelrotem und auf der anderen Hälfte mit grauem Schiefer bedeckt. Hinzu kam noch, dass das Haus irgendwie schief gebaut wurde, weil die

Dachhälften unterschiedlich schräg in Richtung Boden zeigten.

Auch darüber machte sich Uli absolut keine Gedanken, denn wir wissen ja, dass Tauben wirklich keine großen Denker sind. Das lila Haus war bewohnt, genauer gesagt hatte ein Ehepaar dort seinen Wohnsitz und das schon seit einer gefühlten Ewigkeit. Die beiden verbrachten ihren Feierabend, ihre Wochenenden und auch sonst ihre freie Zeit sehr gerne in und um ihr Anwesen. Klar war ihnen die Taube Uli ein fester Begriff, denn diese war immer in unmittelbarer Nähe von ihrem Domizil. Nur den Namen haben sie sinnigerweise nicht gewusst, denn die Taube konnte nicht sprechen. Gurren war da schon eher auf der Tagesordnung und das manchmal nicht zu wenig. Das Ehepaar erfreute sich stets daran, ganz besonders zum Tagesanbruch, wenn Uli seine Runden über die Gegend flog.

Doch wer war dieses Ehepaar nun genauer? Sie waren keine Unbekannten, weil wir schon eine ganze Menge von ihnen wussten. Erinnern wir uns ein bisschen in der Zeit zurück. Letzten Sommer verbrachten Unki, Mitti und Mogli ihren Sommerurlaub in der Nähe eines weltbekannten Erholungssees. Das nostalgische und zugleich einladende Städtchen bot den Besuchern allerlei Attraktionen. Angefangen von unterschiedlichsten Leckereien bis hin zu einem seltenen, wenn nicht sogar außergewöhnlichen Geschäft. Dies betrieb das Ehepaar aus dem besagten Haus mitten im Zentrum des Urlaubsortes. Die Rede war von einem Schreibwarenladen, der die herrlichsten Utensilien, die das Herz höher schlagen ließen, anbot.

Hier gab es originelle Schreibbücher und regenbogenartige Federn, die Unki, Mitti und Mogli in verschiedene Abenteuer verschwinden ließ. Dabei trafen die drei vieler ihrer Freunde, darunter auch den Meisterdetektiv Willibert Wiesel.

Nachdem das Zauberbuch mit der Zeitzauberfeder viele Erlebnisse geboten hatte und komplett vollgeschrieben war, kehrten sie ins Büro des Detektives zurück. Dort lag schließlich ein bisher nicht entdeckter Brief auf seinem Schreibtisch, den Willibert Wiesel noch am gleichen Tag voller Spannung und Neugier öffnete. Zunächst konnte er seinen Augen nicht trauen, als er den kompletten Wortlaut las:

Mein lieber Meisterdetektiv Willibert, es freut mich sehr, dass du, Unki, Mitti und Mogli mit ihren Freunden mich in der letzten Zeit so tatkräftig mit größter Präzision im Kombinieren zur Lösung von so manchen Fällen begleitet hast. Du bist nun der Erste, der erfährt, dass ich euch über das Buch und die Feder auf allen Wegen begleitet habe. Daher habe ich mir im Laufe der Zeit gedacht, dass ich alle Beteiligten der Zeitzauberfeder zu meiner Frau und mir einlade und mit euch die vielen Eindrücke nochmals nachleben möchte. Außerdem gibt es ein Geheimnis, das ich allen anvertrauen will. Dich, lieber Willibert möchte ich zusammen mit deiner Navigeule Antasi sowie mit Lunelli und Zetha als erste Gäste in unserem besonderen Haus willkommen heißen. Den beiden aus der Lebkuchengasse habe ich auch so einen kleinen Brief zukommen lassen. Wir werden uns alle gemeinsam wieder sehen. Ich weiß, dass gerade Meisterdetektive sehr neugierig sind und in der Regel kaum Zeit haben, aber dieses Mal geht es nicht anders. Also, halte dich bitte in gewohnter Weise bereit und deine Augen und Ohren offen, denn es wird alles bald geschehen.

Beste Grüße von Masi und Uliana.

Willibert Wiesel las den Text ein weiteres Mal und auch seine Navigeule wusste beim Zuhören nicht, ob sie sich auf das neue Abenteuer freuen oder dieses Mal lieber zu Hause bleiben sollte. Aber wir wissen von Navigeulen, dass sich diese keine Chance entgehen lassen, um neue Erlebnisse festzuhalten. Schließlich gab es das jährliche Treffen aller Navigeulen und dabei zählte es schon, wer das größte, genialste und kurioses Abenteuer in den letzten Jahren erlebt hatte. Also stand es nach anfänglichem Zögern fest, dass auch Antasi ihren Meister Willibert begleiten wird.

Zu fast gleicher Zeit haben Zetha und Lunelli eine ähnliche Nachricht von Masi Masionelli erhalten und waren überrascht. Gerade durften sie ihre Lebküchnerei nicht öffnen, weil es die allgemeinen Umstände nicht erlaubten. Es war somit kein Problem für sie, sich auf diese Reise ins Unbekannte einzulassen.

Sowohl der Meisterdetektiv, als auch Lunelli und Zetha haben nach diesen Zeilen von Herrn Masionelli einige Tage warten müssen, bis sie den gewünschten Hinweis endlich bekommen haben.

Erinnern wir uns etwas länger in der Zeit zurück. Es gab da einmal einen Koffer, der für die Geschichte nun Numinuma von ganz großer Bedeutung war. Mithilfe dieses Reisebegleiters war schon damals möglich, sich vom aktuellen Ort und der augenblicklichen Zeit wegzubewegen. Was bis heute dabei ein Geheimnis war, war die Tatsache, dass dieser Koffer auch eine Idee von Masi und Uliana gewesen ist. Beide konnten den Koffer überall auf der Welt abstellen lassen, brauchten sie dabei nur die spezielle unsichtbare Tür auf dem Dachboden ihres lila Hauses zu öffnen. Nur bei Mitternacht und Vollmond war es möglich, das Gepäckstück auf Reisen zu schicken. Zum einen gab es durch den Mond genügend Licht und zum anderen war es weitaus weniger aufregend, wenn ein Koffer zu dieser Zeit durch die Luft fliegt. Das lila Haus der Familie Masionelli bot aber noch viele weitere Besonderheiten, wie wir im weiteren Verlauf noch erfahren werden. Jetzt bestand das Problem darin, dass Masi und Uliana zwei Exemplare des Koffers aus Numinuma brauchten, um ihre beiden ersten Gästepaare gleichzeitig und vor allem rechtzeitig zu sich zu holen.

Außerdem musste es einen kleinen Zeitplan geben, welcher der beiden Koffer zuerst durch die geheime Tür zu ihnen ins lila Haus kommen soll. Nach eingehender Beratung stand fest, dass der eine Koffer halbiert werden sollte und somit eine gleichzeitige Reise ermöglicht wurde.

Es folgte eine sternenklare Nacht mit einem besonders großen, hellen Vollmond, als sich die beiden auf ihr Dachgeschoss begaben, um die geheime Tür zu öffnen. In Windeseile waren die Koffer für Willibert mit Antasi und Lunelli mit Zetha durch die Luft unterwegs. Keiner konnte schnell schauen, waren die Gefährte wie vom Erdboden verschluckt. Blieb nun abzuwarten, wie die Empfänger auf die ungewöhnliche Einladung reagierten.

Willibert Wiesel war gerade dabei nach seinem ausgiebigen Frühstück noch ein bisschen auszuruhen und Antasi befand sich ein bisschen im Schlummermodus. Plötzlich macht es vor seinem Büro einen deutlich zu hörenden Schlag. „Bums, Schäbber!", konnte man aus der Ferne hören und riss beide aus ihrer morgendlichen Ruhe. Der Meisterdetektiv rannte wie von der Tarantel gestochen aus seinem Büro und seine treue Navigeule folgt unmittelbar.

Heute war wieder einmal ein Morgen, der von fast unheimlicher Stille geprägt war. Außer dem gerade Gehörten, noch undefinierten Schlag, gab es aus der Ferne nur sanfte Vogelstimmen. Ein herrlicher Frühlingstag, die Luft roch lieblich nach Flieder und die Sonne kroch langsam hinter den Hügeln der Stadt hervor, in der sich das Büro von Willibert Wiesel befand. Der Meisterdetektiv konnte seinen Augen zunächst nicht trauen und murmelte etwas verhalten: „Na, wer legt denn da so unsanft seinen Reisekoffer einfach vor meiner Eingangstür ab? Es ist auch niemand zu sehen und geschweige denn zu hören.", überkam es Willibert. Auch die Navigeule konnte ihm keine große Hilfe sein, denn ihr Erkundungsflug brachte kein Ergebnis. Ist ja auch kein Wunder, denn ganz früh am Morgen waren Navigeulen bekanntermaßen noch nicht so gut mit ihrem Gespür und Entdeckungsgeist. Zudem fehlte Antasi die zweite, wenn auch meist nur kurze Schlafenszeit, die sie für gewöhnlich nach ihrem Frühstück einlegte.

Beide starten für eine Weile den Koffer an, der seitwärts gerichtet vor ihren Füßen direkt an der Tür zu Willibert Wiesels Büro lag. Trotz seiner unbändigen Neugier war Willibert Wiesel gerade in einem solchen Augenblick doch recht vorsichtig, was das Öffnen von unbekannten Dingen ist.

Antasi stupste den braunen, schon in die Jahre gekommenen Koffer mit ihrem Schnabel an und noch, ehe sich beide versehen konnten, öffnete sich das Teil von selbst.

„Wollen wir nicht lieber wieder eingehen?", fragte die Navigeule zaghaft und wich einen Schritt von dem geöffneten Koffer zurück. Keine Antwort von Willibert. Schweigende Meisterdetektive haben in solchen Situationen meist schon einen ersten Plan oder sind dabei einen zu schmieden.

So auch Willibert, der mit einem Geistesblitz schließlich reagierte: „Keiner weiß es, ich weiß es! Das kann nur ein Versehen sein. Wahrscheinlich hat der Koffer ein Blitzreisender verloren. Der war so schnell, dass ein Gepäckstück nicht gehalten werden konnte.", ermittelte Willibert mit erneuter meisterliche Präzision und war von dieser Lösung sehr überzeugt.

Doch weit gefehlt, denn auch Detektive können sich einmal täuschen, wie sich gleich herausstellen wird. Es vergingen keine Minuten und mit einem Mal umspielten die Nasen von Willibert und Antasi nicht nur der Duft von Flieder alleine. Es roch vielmehr noch nach taufrisch gemähtem Gas kombiniert mit einem Geruch aus Apfel und Kirschblüte. Es war eine wahrhaft einmalige Duftkomposition, die alles um sich herum vergessen ließ. Woher auch immer dieses liebliche Elixier kam, es sah so aus, als ob der Koffer dies verströmt. Eine tiefe innere Ruhe machte sich in beiden breit und sie wurden von Kopf bis Fuß von wärmenden Sonnenstrahlen erfüllt.

Dabei blieb es wahrhaftig nicht, denn bei ihrem gesamten und intensiven Blick in den Koffer, haben beide festgestellt, dass es ein angenehmes Licht gab. Fast schon magisch anmutend war es und wer schon einmal von Hypnose etwas gehört hat, der stellt sich gewiss vor, was gleich passieren wird.

Der Meisterdetektiv und seine Navigeule wurden mit einem Male fast schwerelos und schienen ebenfalls sichtbar kleiner zu werden. Das wohlige Licht zog sie immer mehr in ihren Bann und noch ehe man sich versah, waren beide von dem nostalgischen Koffer vollkommen eingezogen.

Willibert und Antasi hatten in einer solchen Situation überhaupt keinen Gedanken mehr, sondern vernahmen nur noch den intensiven, frühlingshaften Geruch. Für einen Moment schien der magische Lichtstrudel langsamer zu werden und die beiden befanden sich einen Wimpernschlag später auf einer herrlichen Wiese, die geradezu von Blumen aller Art übersät war. Direkt vor den Füßen von Meisterdetektiv Willibert Wiesel lag ein kleines Stück Papier, welches dieser ebenso vorsichtig an sich nahm. Antasi schwieg und saß schon fast überdurchschnittlich brav neben ihrem Meister. Navigeulen sind in einer solchen Situation auf den ersten Blick zwar zurückhaltend, auf den zweiten Blick aber auch wieder sofort für Ermittlungen in mysteriösen Fällen bereit.

Nach wie vor gab es diesen verzaubernden Duft, munteres Vogelgezwitscher und ebenso Surren allerlei Insekten zu vernehmen. Willibert nahm das Papier, besser gesagt war es ein Brief, der ganz überraschend an ihn und Antasi gerichtet war:

„Lieber Willibert, liebe Antasi,

ja, ich weiß, dass ich euch etwas vorbereiteter in eine solche Lage hätte bringen sollen, aber die Umstände und die Zeit haben es nicht anders erlaubt. Jedenfalls freue ich mich, dass ihr mir bis hierher gefolgt seid und möchte euch etwas genauer in meinen Plan einweihen."

An dieser Stelle unterbrach Willibert das laute Lesen und schaute Antasi verdutzt an. Diese war zwar aufmerksam, aber es fehlte ihr nach wie vor das kurze Nickerchen nach dem Frühstück. Navigeulen sind bekannt, dass sie diese Phase im Tagesablauf wirklich unbedingt brauchen, um ihren Ermittlungsaufgaben vollständig nachzukommen.

Somit kam außer einem „Ey, ja!" nichts weiter von der Navigeule. Willibert setzte sein Vorlesen weiter vor: „Wir möchten euch ganz herzlich zu uns einladen, damit wir das Frühjahr zusammen verbringen. Glaub mir, es gibt bei uns nichts, was es nicht gibt. Und ein Detektiv braucht auch nach so vielen Fällen einmal eine Pause oder etwa nicht, mein lieber Freund? Lange Rede – kurzer Sinn. Eure Reise geht gleich weiter. Wir sehen uns im lila Haus am Rande des Waldes an der Berghöhe. Herzliche Grüße."

„Schau mal, Antasi. Schläfst du schon wieder? Hast du mir nicht zugehört?", Ermahnte der Meisterdetektiv seine Navigeule, die mittlerweile die Augen vollkommen geschlossen hielt.

Mit jedem Satz mehr wurde Antasi wohl immer müder und musste über diese wichtigen Informationen letztendlich eingeschlafen sein. „Nein, nein, wir kommst du darauf, werter Meister?", sprach die Navigeule ganz verlegen und versuchte ein Gähnen zu unterdrücken. „Wenn das so ist, dann ist alles in Ordnung und ich dachte schon....", fuhr Willibert weiter fort, kam aber nicht zum Ende seines Satzes, da beide erneut zu schweben begonnen und nochmals durch ein angenehmes, warmes Licht weiter eingezogen wurden.

Wenige Augenblicke später befand sich Willibert und Antasi tatsächlich vor einer kleinen Anhöhe mit Wald. Noch etwas benommen von der ungewöhnlichen Reise und dem weiterhin bestehenden frühlingshaften Geruch, haben die beiden erst auf den zweiten Blick das lila Haus und einen überdimensionalen Baum wahrgenommen. Um den Baum herum kreist eine Taube und schienen die beiden Besucher akribisch genau zu beobachten.

Das Bild war sehr einladend, da es heute in der Tat ein perfekter Frühlingstag war, der geradezu auf ein tolles Erlebnis wartete.

In einem Sturzflug landete die Taube bei Willibert und Antasi, die sich gerade in Richtung des lila Hauses begaben. „Wartet mal bitte kurz! Ich muss noch etwas sagen, bevor ihr dort hingeht.", forderte die Taube die beiden auf. Verdutzt schauten sich Willibert und Antasi an, reagierten aber nicht weiter auf die Taube.

„Also gut, wenn ihr nicht wollt, aber ich habe euch gewarnt. Geht nur, ohne das Schlüsselwort zu erfahren." Schon war die Taube wieder in der Luft und kreiste sicherheitshalber noch einige Augenblicke, falls es sich die beiden doch anders überlegen sollten. Doch diese liefen weitere Schritte zum lila Haus und standen vor einer großen Türe, die tatsächlich keine Klingel, kein Schloss oder gar keinen Griff hatte. Erneut flog die Taube zu ihnen und macht einen weiteren Anlauf: „Noch immer kein Interesse?", sprach die Taube überspitzt und ganz keck zu den beiden.

„Keiner weiß es, ich weiß es! Also gut, wenn es unbedingt sein muss", reagierte der Meisterdetektiv etwas unfreundlich gestimmt.

Bekanntlich sind Detektive nicht so in ihrem Verhalten, aber sobald ihr Umfeld mehr weiß als sie selbst, werden auch die höflichsten Meisterdetektive ungnädig und ungehalten.

„Also, der Schlüsselwort zum Öffnen der Türe heißt „Bi-ö-di", wenn ihr es genau wissen wollt. Aber ich habe euch gewarnt, was auch immer danach passiert. Ich kann nichts garantieren. Also dann macht's gut und…", sprach die Taube und machte sich aus dem Staub.

„Sollen wir es wagen, werter Meister?", fragte Antasi in einem sehr ruhigen und fast ängstlichen Tonfall. Dabei versteckte sich die Navigeule hinter Willibert, da sie gerade tatsächlich nicht allzu viel Mut hatte. „Warum denn nicht? Jetzt sind wir auf einer so kuriosen Reise hierher gekommen, nun will ich zumindest auch wissen, was es mit all dem auf sich hat.", antwortete der Meisterdetektiv selbstbewusst und sehr siegessicher seiner Navigeule.

„Äh, wie war der Spruch nochmals?", überlegte Willibert kurz. „Keiner weiß es, ich weiß es! Also: Bi-ö-di", rief der Meisterdetektiv mit einer nicht zu überhörbaren Lautstärke, aber nichts geschah. Die Tür zum lila Haus blieb zunächst weiterhin verschlossen, wobei Willibert immer wieder das Schlüsselwort in voller Inbrunst heraus schrie.

„Das kann ja keiner mit anhören. Sowas aber auch!", hörten Antasi und Willibert ganz plötzlich aus dem Hintergrund. Eigentlich hätten sie es wissen müssen, dass die Taube sich nicht so leicht aus dem Staub gemacht hat. Nein, sie war nicht mehr im Blickfeld, aber beobachtete die beiden wohl aus nächster Nähe ganz genau. „Was um alles in der Welt weißt du noch, was wir nicht wissen?", legte der Meisterdetektiv weiterhin unfreundlich nach.

„Nein, so nicht. So spricht niemand mit mir. Als Hüterin des Waldes muss ich mir sowas nicht gefallen lassen.", bemerkte die Taube sowohl deutlich, als auch beleidigt und flog auf die Spitze des überdimensionalen Baumes, der irgendwie ganz anders aussah, als vor dem Eintreffen der beiden.

„Werter Meister, lass mich mit der Taube reden. Schließlich habe ich neulich erst ein Seminar belegt, das mich genau für solche Situationen bestens vorbereitet hat.", bat Antasi Willibert Wiesel und dieser nickte zustimmend.

Die Navigeule flog zu der Taube auf die Spitze des Baumes und verweilte dort eine unmessbare Zeitspanne im Stillschweigen mit ihr. Willibert war für seine Neugier und auch für seine Ungeduld bekannt, so dass es ihm wohl Jahre vorgekommen sein musste, bis seine Navigeule endlich wieder zu ihm kam.

„Was hat die Taube gesagt? Nun mach schon. Wir wollen doch nicht den halben Tag vor einem lila Haus stehen und eine Tür anschreien!", sprudelte es geradezu aus ihm heraus, da er gleichzeitig immer nervös wurde und nur gerne die Lösung sofort gehabt hätte.

„Nur die Ruhe, lieber Meister.", beschwichtigte Antasi. „Slso, das Geheimnis besteht darin, dass man das Schlüsselwort der Tür ins Ohr flüstern muss.", erklärte die Navigeule den vollkommen verwirrten Willibert.

„Ja, ja und der Osterhase lässt die Eier auch direkt von den Hühner liefern. Am besten auch noch gefärbt. Nur so, ich warte gerade auf solche unseriösen Informationen.", sprach der Meisterdetektiv nach wie vor genervt weiter. Doch seine Navigeule wendete auch in diesem Fall ihre neuen Tipps und Tricks aus dem Seminar an und blieb ruhig.

„Woher weißt du denn das mit dem Osterhasen? Du kannst uns überhaupt nicht gehört haben, aber darüber haben wir wirklich gesprochen. Aber zurück zu unserem Türenproblem: Die Taube, mit Namen Uli übrigens, hat mir beschrieben, dass das Ohr der Tür in der oberen Ecke sitzt. Da werde ich jetzt hinfliegen und das Schlüsselwort zuflüstern. Ein Zurück gibt es nicht mehr, wir gehen dann rein.", erklärte Antasi in einer selbstverständlichen Sicherheit. Vermutlich hatte die Taube noch mehr zu erzählen oder zu verraten, aber auch eine Navigeule musste nicht gleich alles preisgeben.

Gesagt, getan. So kam es, dass sich kurze Zeit später tatsächlich die Türe zum lila Haus ganz sanft öffnete. Antasi wich einen Flügelschlag zurück und auch Willibert blieb einen weiteren Augenblick wie angewurzelt stehen. Ein erster Blick in das lila Haus verrät noch nicht besonders viel. Man konnte einen schwarz-weiß gemusterten Steinfußboden sehen, an dem sich weitere Türen mit Glasscheiben anschlossen. Rechts vom Eingang befand sich eine Treppe, die in einen knalligen Gelbton gehalten wurde. Erneut umspielte Willibert und Antasi dieser intensive frühlingshafte Geruch und zog sie wiederum in ihren Bann.

Sowohl Willibert, als auch seine Navigeule kamen einfach nicht zu den weiteren Türen. Schließlich dachte Antasi laut: „Deshalb also der weitere Hinweis mit: Ihr müsst euren Weg in Form eines L laufen, um zur zweiten Türe zu gelangen."

Willibert warf seiner Eule erneut einen fragenden Blick zu, merkte er doch sofort, dass er nicht vollumfänglich über alle Hürden informiert wurde. Ohne weiter darauf einzugehen, liefen beide den vorhergesagten Buchstaben und erreichten die zweite Tür. Diese öffnete sich wiederum ohne Probleme oder einem nächsten Rätsel.

In der Lebkuchengasse war gerade die vergangene Saison erfolgreich beendet worden. Weder Zetha, noch Lunelli durften in diesem Jahr ihren wohlverdienten Urlaub antreten, da ein bisher unbekanntes, unsichtbares, aber sehr gemeines Wesen die Welt in Zaun hielt. Grund genug also, die freie Zeit bis zu einer möglichen Wiedereröffnung der Lebküchnerei in den angrenzenden Wohnräumen gemütlich zu verbringen. Es gab auch hier jede Menge Arbeit und Lunelli sowie Zetha waren insgeheim auch froh darüber, dass sie alle liegen gebliebenen Altlasten abarbeiten konnten. Viel wurde aus diesem Vorhaben aber nicht, denn trotz aller Beschränkungen in dieser Zeit landete ebenfalls eines Tages wie aus heiterem Himmel ein ganz ähnlicher Koffer wie bei Willibert und Antasi.

Auch die beiden waren anfangs sehr skeptisch, da sie schon viele falsche Meldungen in dieser Zeit gehört oder gelesen haben. Ähnlich wie beim Meisterdetektiv und seiner Navigeule siegten allerdings ihre Neugier und die ebenfalls mit dem geöffneten Koffer verbundene Magie aus Frühlingsduft und hypnotisch anmutendem, warmen Licht. So kam es, dass auch Zetha und Lunelli der Einladung zu Masi und Uliana gefolgt sind.

Bereits beim Eintreffen von Willibert und Antasi waren die beiden anderen Gäste anwesend und freuten sich auf ein erneutes Wiedersehen mit dem Ermittler-Duo.

Der erste Raum im Haus von Familie Masionelli war schon etwas Besonderes. Von der Decke hingen Stofflampen in allerlei Größen und Formen und gaben ein helles und zugleich freundliches Licht. Die wenigen Fenster waren ebenfalls mit Stoff verhangen, durch den sich der frische Frühlingswind munter seinen Weg bahnte. Ganz leise konnte man atmosphärische Musik vernehmen und fühlte sich gleich beim Betreten sehr wohl. Anstelle von Möbeln standen in diesem Raum zwei große Tische und eine Vielzahl von Stühlen.

Uliana war beim Eintreffen der ersten Besucher gerade dabei mit Papier, Pappe und einmalig schönen Bildern an neuen Schreibbüchern zu arbeiten. Sie gestaltete diese stets äußerst individuell und ganz besonders liebevoll. Das es sich bei diesen Büchern in Kombination mit den regenbogenartigen Schreibfedern um etwas Einmaliges handelte, muss an dieser Stelle ganz gewiss nicht weiter erwähnt werden. Die Federn übrigens sind auch eine Spezialität, die allerdings Masi, der besagte Schreibwarenhändler ganz besonders toll gestaltet.

Willibert Wiesel und Antasi kamen aus dem Staunen nicht heraus und starrten wie gebannt zu Uliana, die akribisch genau ein Frühlingsmotiv auf einem Buchdeckel klebte.

„Euere Bücher sind wohl wieder ausverkauft?", fragte der Meisterdetektiv ganz direkt und nahm nur ein leises „Mh. Ja, schon" von Uliana zur Kenntnis.

Zetha und Lunelli staunten nicht schlecht, als sie durch das Atelier der beiden liefen. An den Wänden hingen eine Menge Fotos von einfachen bis hin zu seltenen Wiesenblumen.

„Meine lieben Freunde, jetzt möchte ich euch den wahren Grund unserer Einladung geben. Meine Frau und ich haben nicht nur die Zeitzauberfedern erfunden und die Schreibbücher mit ganz einmaligen Fähigkeiten versehen, nein, wir haben noch ganz andere Überraschungen auf Lager. Aber kommt mal alle bitte mit, denn bevor wie lange reden, zeigen wie es euch lieber am besten direkt.", forderte Masi die vier Besucher auf und seine Frau folgte ihnen gleichen Fußes.

Nach dem Verlassen des Raumes war es für alle so, als ob sie wie auf einem Laufband stünden, das sie in die Unendlichkeit brachte. Aber dabei war es kein dunkler Gang mit einem Licht am Ende, es war vielmehr ein heller, großer Raum, in dem sie alle befanden und sich nur wie in Zeitlupe bewegten. Auch hier roch es erneut frühlingshaft frisch und der Geruch betört in nahezu ihre Nasen in hypnotisch Weise.

„Werter Meister, hast du einen Plan?", fragte die Navigeule ganz vorsichtig. Die vielfältigen Eindrücke waren so intensiv, dass Willibert Wiesel zu keiner Antwort imstande war.

„Liebe Antasi, wir wissen es auch nicht", versuchten Zetha und Lunelli die aufgebrachte Navigeule zu beschwichtigen. Herr und Frau Masionelli blieben weiterhin schweigsam und hoffte insgeheim, dass alle die notwendige Ruhe und Geduld bewahren würden.

Wenige Minuten später standen alle an einem Tor, das sich wie von Geisterhand öffnete. „So, alle bitte nacheinander eintreten, bis sich die Farben ändern.", hörten die Gäste als Anweisung von Uliana und folgten ihr und ihrem Mann, ohne auch nur ansatzweise nachzudenken.

Die vielen Treppenstufen waren nicht besonders anstrengend, da die Vorfreude und die Neugier auf das, was da kommen mag, überwog.

Antasi flog wie gebannt den Aufstieg nach oben, den Willibert, Lunelli und Zetha mit Masi und Uliana langsam folgten. Die Treppe war wie eine Art Wendeltreppe und man musste dabei schon gut aufpassen, dass es einem nicht schwindlig wurde trotz des gemächlichen Aufstiegs.

Jede einzelne Stufe hatte eine andere, meist knallbunte Farbe und fühlte sich beim Auftreten weich an. Ob es nun sehr lange dauerte, bis alle ihr Ziel erreichten, kann nicht gesagt werden, da plötzlich vor ihnen auf der Seite ein mächtiges Baumhaus war.

Noch war die grüne Tür mit milchigem Fenster verschlossen, aber Masi holte aus seiner Hosentasche blitzartig einen sehr altertümlichen Schlüssel hervor. Lang, schwer und nicht gerade einfach fühlte sich dieser an. Das Schloss ließ sich damit allerdings sehr gut und sicher öffnen.

„Liebe Gäste, wir sind am Ziel unserer kleinen Runde angelangt. Wir dürfen euch ganz herzlich in unserem Baumhaus willkommen heißen.", sprachen Masi und Uliana wie im Chor. Beide waren ein eingespieltes Team, das nicht nur oft die gleichen Gedanken hatte, sondern auch gleichlautende Worte parallel sprachen.

Ohne großes Nachdenken folgten Willibert, Antasi, Lunelli und Zetha der Einladung, das Baumhaus zu betreten und fühlten sich von der ersten Minute an wie zu Hause.

Das Baumhaus glich einem Ferienhaus, wie man es von Urlauben in südlichen Regionen vielleicht noch in Erinnerung hatte. Neben einer sehr einladenden und gemütlichen Sitzecke mit herrlichem Blick auf das lila Wohnhaus des Ehepaares konnte man auch die Weide des sich anschließenden Waldes wahrnehmen.

Atemberaubende Augenblicke ließen alle ihr Schweigen nicht weiter durchbrechen. Uliana bat alle, sich in der Sitzecke niederzulassen, damit ihr Vorhaben weiter erklärt werden konnte. „Liebe Zetha, lieber Lunelli, lieber Willibert und ganz besonders liebe Antasi, mein Mann und ich laden euch zu einem bunten Mix von verschiedenen Geschichten ein. Wir sind nämlich auch für unsere immer weiter wachsende Bibliothek an Kurzgeschichten bekannt, an denen wir euch sehr gerne teilhaben lassen wollen.", berichtete Uliana ganz stolz, während Masi aus dem hinteren Teil ein riesiges Buch mit goldenen Ecken holte. Darauf stand in großen Lettern „Der Blätterpoet".

„Ihr müsst wissen, dass wir leidenschaftlich gerne Geschichten erfinden und diese in diesem einmaligen Buch sammeln. Das Besondere daran ist, dass wir es auf unserer alten, grünen Schreibmaschine schreiben. Also freut euch mit uns auf eine kleine Reise durch alle möglichen Erlebnisse", ergänzte Uliana ihre Worte.

Von draußen hörte man leise den Wind, die Sonne schien durch die Blätter des Baumes und eine Vielzahl von unterschiedlichen Vogelstimmen konnte man wahrnehmen. Ein perfekter Tag im Frühling und die Zeit für die eine oder andere Geschichte.

Die immerwährende Rose

Ein zorniger, gieriger und egoistischer Herrscher hatte sein Reich fest in der Hand. Den Menschen, die hier lebten, hatten es daher absolut nicht leicht, sich frei und nach ihren Wünschen zu bewegen. Egal, was sie auch vorhatten oder auch nicht, wusste der Herrscher alles unmittelbar und in vollster Ausführlichkeit. Keiner hatte eine Ahnung, wie es dazu kam, dass es eine nahezu lückenlose Information in diesem Reich gab. Daher waren auch die Menschen untereinander sehr misstrauisch und sprachen kaum etwas miteinander.

Eines Tages wurden die Bewohner auf dem Dorfplatz gerufen, um eine wichtige Botschaft ihres Herrn und Meister zu hören. Mitten im Frühling mussten alle ihre Arbeiten auf den

Wiesen und Äckern für ein paar Stunden einstellen, um der Anordnung Folge leisten.

Keinem war diese Situation besonders lieb, aber jeder tat so, als ob man sich auf eine Zusammenkunft freuen würde und alles in bester Ordnung sei. Die Turmuhr schlug 12:00 Uhr und der Dorfplatz war komplett voll. Ein leichtes Raunen und Tuscheln war zu vernehmen, doch dies verstummte umgehend, als das Gefolge des Herrschers mit drei Pferden im Galopp zu den Untertanen eilte.

Zunächst ertönte eine dreifache Fanfare, bis kurze Zeit später einer der Gesandten eine Schriftrolle öffnete.

„Sehr geehrtes Volk und Untertanen, in Absicht eures Herrschers verkünden wir euch folgende Botschaft: der Herre und Meister braucht mehr Platz für seine täglichen Geschäfte. Unser Land muss dafür ausreichend Möglichkeiten bieten und daher ergeht folgender Aufruf. Nur diejenigen von euch, die es schaffen, die schönsten und einmaligsten Blumen für den Herrscher zu präsentieren dürfen ihr Land behalten. Alle anderen müssen binnen 72 Stunden das Land verlassen. Wie das gemacht wird, das bleibt eure Sache. Dem Herrscher ist geholfen, wenn ihr möglichst viel von eurem Hab und Gut da lasst. Der Aufruf gilt ab sofort.

Jeder Hausherr bzw. Hausherrin soll sich in den kommenden drei Tagen beim Herrscher und seiner Jury einfinden. Es gibt keine Fragen, aber auch keine Regeln. Also los, denn die Zeit läuft ab jetzt."

Das waren die unüberhörbaren Worte, die alle mit einem tiefsten Seufzer zur Kenntnis nahmen. Die kleine Legende sagte schließlich, dass eine große Aufregung und Besorgnis im Land herrschte, da neben dem Misstrauen untereinander nun auch noch Missgunst und Konkurrenzdruck auf der Tagesordnung standen. Jedenfalls kamen alle Landbesitzer bis auf einen der Aufforderung nach und brachten dem Herrscher ausgefallene und herrliche Blumen und Pflanzen. Sowohl seine siebenköpfige Jury, als auch er selbst waren mit den gezeigten Ergebnissen äußerst kritisch und konnten sich trotz ihrer Überheblichkeit nicht darauf einigen, welcher Landbesitzer nun gehen musste oder doch besser bleiben durfte.

Die angesetzten drei Tage verstrichen und es fehlte nach wie vor das Ergebnis. Einzig und alleine Miserius Petroritus ließ sich von niemandem etwas sagen und legte es förmlich darauf an, wie der Herrscher auf seine Untätigkeit reagierte. Die Strafe folgte auf den Fuß und besagter Landherr bekam von den drei Abgesandten des Herrschers kurzfristig einen Besuch abgestattet.

„Ihr habt wohl den Aufruf eures Herrn und Meisters nicht in Erinnerung, alter Mann? Wollt ihr vielleicht genau derjenige sein, der sein Hab und Gut zur Vergrößerung des Herrschaftshauses verlieren wird? Wäre ja gar nicht so verkehrt, denn ihr wohnt ja in fast unmittelbarer Nähe des Schlosses unseres Meisters."

Das waren die harschen Worte der Gesandten, die Miserius Petroritus total unbeeindruckt ließen. Im Gegenteil, dieser war gerade mit der Pflege von besonderen Rosen beschäftigt und antwortete in vollkommener Gelassenheit:

„Riecht ihr das nicht? Ihr dürft gerne näher kommen und in aller Ruhe diesen Duft wahrnehmen." Die drei Gesandten waren mit einem Mal sowohl verunsichert über eine solche Antwort, als auch gleichzeitig neugierig.

„Nun ja, der Herrscher sieht es ja nicht und einfach mal riechen. Warum denn nicht?", überlegten sie und nahmen kurze Zeit später den betörenden Geruch des Rosenstraußes war. Es entzog sich jeglicher Beschreibung, da es für die sensationell einmalige Komposition wohl noch keine Wörter zum Erklären gab.

In der Überlieferung hieß es, dass die drei Gesandten Miserius Petroritus mit seinem Rosenstrauch alleine ließen und nicht von einer Festnahme Gebrauch machten. In einem sichtlich freundlicheren Ton als üblich luden die drei Gesandten ihren Herrscher ein, sich selbst einmal ein Bild von dem besagten Rosenstrauß zu machen. Bekanntermaßen war der Herrscher sehr bequem und hatte seine eigenen Regeln. Doch dieses Mal hat er die Chance wahrgenommen und folgte der Aufforderung.

Beim Schluss der Legende gibt es verschiedene Versionen. Die eine besagt, dass die Rosen den Herrscher zu einem freundlichen Fürsten gemacht haben und sich die Stimmung im Land total umgedreht hat. Eine andere Überlieferung brachte zum Ausdruck, dass von diesem Zeitpunkt an die immer währende Rose als Staatspflanze gewürdigt wurde und zu einer festen Pilgerstätte für alle Einwohner wurde.

Eines stand auf jeden Fall fest: Die jähzornige und egoistische Art des Herrschers gehörten von nun an der Vergangenheit an.

Ebenso wurde der Aufruf nach Abgabe von Ländereien eingestellt. Die Einwohner des kleinen Landstückes lebten von nun an vertrauensvoll miteinander verbunden zusammen.

Die Sonnenuhr im Wald

Es war einmal ein Tagelöhner, der nach der langen und besonders kalten Jahreszeit gerne wieder arbeiten in der freien Natur nachgehen wollte. Leider hatte dieser nicht alleine die Idee und so kam es, dass er bei keinem Hof und Landbesitzer auch nur annähernd etwas zu tun bekam. Der Tagelöhner war bekannt dafür, dass er stets fleißig war und seine Aufgaben immer sehr gewissenhaft ausführte. Ebenso wurde er auch in Stadt und Land als geizig und leicht überheblich bezeichnet. Das macht es manchmal doppelt so schwierig, einer Arbeit nachzugehen.

Eines Tages machte sich der Tagelöhner auf, um bei Bauer Berggold zu fragen, ob dieser nicht für ihn beim Stallausmisten helfen könnte. Auch dieses Mal blitzte der Tagelöhner ab und zog enttäuscht weiter. Zwei weitere Stationen haben auch nicht den gewünschten Erfolg gebracht und es kam hinzu, dass der Tag schon fast zur Hälfte vergangen war.

Es würde sich also nicht mehr lohnen, heute noch zu arbeiten. Bei allen drei abgelehnten Auftraggebern hatte der Tagelöhner aber immer wieder ein paar freundliche Worte gehört, die dieser durch seinen Missmut gar nicht erst richtig verinnerlichte.

Freundlich und tiefsinnig waren die Sätze schon, weil diese immer wieder den Hinweis gaben, dass man seinen Aufgaben nicht nach jagen sollte und es manchmal besser ist, die Dinge mit Vertrauen und Geduld auf sich zukommen zu lassen.

Den Sinn dieser Sätze verstand der Tagelöhner wohl nicht richtig und stand sich somit immer wieder selbst im Weg. Die Lage schien zuerst recht verzweifelt und wenig erfolgversprechend. Der Tagelöhner hatte dabei keinen Plan, wie er jemals aus dieser Misere und dem Gedankenkarussell herauskommen sollte. Schließlich macht er sich auf den Weg durch den nahen Wald, der durch den harten Winter und den sehr heißen Sommer im letzten Jahr an der ein oder anderen Stelle viele Bäume verloren hatte.

Es war für ihn ungewöhnlich, immer wieder zwischen hellen und dichten Wegstrecken zu wechseln. Fast hätte er es mit dem richtigen Leben verglichen, das bekanntlich auch aus Höhen und Tiefen bestand. Nach all den Niederlagen und Absagen auf der Suche nach einer Arbeit kam diese kleine Wanderung sehr entgegen.

Es mögen wohl Stunden gewesen sein, die so vor sich hinliefen. Dabei senkte sich die Frühlingssonne immer mehr am Horizont und tauchte den Wald in ein goldenes Licht. Nach mittlerweile unzähligen Kilometern erreichte der Tagelöhner eine Anhöhe, die eine sehr merkwürdige Konstellation aus großen, kleinen, aber auch fehlenden Bäumen beinhaltete.

Zunächst dachte er sich nichts weiter dabei, ließ sich aber genau im Zentrum dieser Anordnung nieder, um sich vom langen Laufen zu erholen. Die Müdigkeit schien ihm ins Gesicht geschrieben, denn ertappte sich in manchem

Augenblick, dass ihm die Augen von selbst zufielen.

Im Halbdämmerschlaf merkte er noch, dass es einen leichten Wind gab, dachte sich aber nichts dabei. Vom leichten Lüftchen wurde das Schauspiel schnell zu einer warmen, aber intensiven Luftbewegung. Der Tagelöhner traute seinen Ohren nicht, aber er dachte sich, dass jemand zu ihm gesprochen haben musste.

So war es dann auch, wie es in der Überlieferung zu dieser Geschichte hieß. Der Wind hatte für den Tagelöhner eine ganz wichtige Botschaft: „Pass auf dich auf! Nimm nicht alles als gegeben hin, verändere aber auch nicht krampfhaft das, was um dich ist. Das Geheimnis besteht aus behutsamen Umgang mit allem, was dir lieb ist und lieb sein wird. Du hast heute etwas ganz wichtiges gefunden, denn du befindest dich in der Mitte der Waldsonnenuhr. Bedenke bei all deinen künftigen Handeln, dass es immer eine Mischung aus manchmal hellen und leider auch manchmal dunklen Situationen geben wird. Es ist genau wie bei der Sonnenuhr, in der du gerade sitzt. Die Unvollkommenheit ist oft gut genug. Vergiss das nie und schau mit Zuversicht voraus."

Der Mann konnte die Fülle und Macht der eben gehörten Worte zuerst gar nicht richtig fassen, ließ sich aber vollkommen auf den gerade erlebten Moment ein. Von nun an gelang es dem Tagelöhner immer wieder aufs Neue, Aufgaben zu bekommen.

War sich dieser doch gewiss, dass es nach der ein oder anderen Niederlage oder dem Rückschlag auch positive Impulse in seinem Lebensweg geben wird.

Während die vier Gäste zusammen mit Masi und Uliana in ihrem Baumhaus saßen, hörten sie ein weiteres sehr vertrautes Geräusch. Vielmehr war es ein lautstarkes „Muh".

Wer sollte sich wohl hier bemerkbar machen? Ganz klar, es war die legendäre Kuh Elsa, die sich meldete in der Hoffnung, dass sie von ihren Freunden nun auch wahrgenommen wird. Vor lauter Freude sprang der Meisterdetektiv mit den Worten „Keiner weiß es, ich weiß es" auf und rannte auf den angrenzenden kleinen Vorbau zum Baumhaus. Von hier aus hatte man nicht nur einen herrlichen Blick auf die Landschaft, sondern konnte direkt unter dem

Baum die Kuh Elsa entdecken. Die Kuh Elsa liebte frisches Gras und davon gab es bei der Familie Masionelli wahrlich viel davon. Betrachtete man das Schauspiel aus der Ferne, so wurde schnell klar, dass Willibert Wiesel einige Sätze mit der Kuh Elsa wechselte.

Der Meisterdetektiv wusste, dass Elsa ihr Kuhaustauschprogramm gerade erfolgreich abgeschlossen hatte und seitdem auch auf Italienisch muhen konnte. Dies war Grund genug, um es gleich einmal auszuprobieren. Willibert Wiesel war nämlich auch ein echtes Sprachentalent und beherrschte ziemlich sicher zahlreiche Sprachen. Nach ein paar längeren Augenblicken kamen die anderen Gäste ebenfalls auf die Terrasse.

„Sag mal, Willibert, was hat unsere Elsa zu erzählen gehabt?", sprudelte es aus Zetha nur so heraus. Vieles wusste der Meisterdetektiv nicht zu berichten. Elsa hatte ihr Programm jedenfalls mit einer großen Auszeichnung bestanden und wollte es sich rund um das Baumhaus richtig gemütlich machen, um sich von allen Aufgaben der letzten Zeit zu erholen.

Masi und Uliana setzten ihr Erzählen von den kleinen Geschichten weiter fort.

Das kleine Märchen vom Himmelsmaler

Vielleicht, liebe Freunde, habt ihr euch schon einmal die Frage gestellt, wieso der Himmel manchmal über den Tag, manchmal auch über einige Stunden oder Minuten stets eine andere Farbe hat? Nun, diese Überlegungen möchte ich gerne ein bisschen nachgehen und euch hierzu ein kleines Märchen erzählen. Es ist das Märchen vom Himmelsmaler. Ich kenne das Atelier unseres Hauptdarstellers nicht, denke, dass es ein alter, weißer Schrank mit goldenen Griffen war. Darin befanden sich unzählige Farben und Möglichkeiten, diese miteinander zu vermischen, waren schier unbegrenzt.

Der Himmelsmaler hatte eine ganz besondere Eigenschaft nach Lust und Laune den Himmel in nur allen denkbaren Farben anzumalen. Das war mit seinen Gehilfen, die überall auf der Welt verteilt waren, überhaupt kein Problem, gleichzeitig ein Spektrum von einmalig schönen bis hin zu grau tristen Farben zu gestalten. Dabei brauchte es keine Arbeitsanweisung, denn die Farben des Himmels entstanden so, wie es die Stimmung, oder auch nur der Faulheit des Himmelsmalers und seinen Kollegen bedurfte. Ja, Faulheit war ein großes Thema hierbei, denn ihr wisst ja selbst, dass es Phasen gibt, in denen es ein Einheitsgrau gibt und das eine oder andere einen endlosen Zeitraum darstellt.

Das ist der eigentliche Grund, warum der Himmelsmaler für seine Bequemlichkeit bekannt war. Aber nun zu unserem kurzen Märchen zurück. Um an den Farbenschrank zu kommen, bedurfte es einer ganz bestimmten Zahlenkombination, die nur der Himmelsmaler wusste.

Eines Nachts allerdings sprach dieser besagte Ziffern im Schlaf vor sich hin und leider hörten es auch die Buschkobolde. Die Buschkobolde waren im ganzen Land bekannt dafür, dass sie neben ihrer riesigen Neugierde auch gerne einmal den ein oder anderen Streich spielen. Was läge nunmehr auf der Hand, als auch dem Himmelsmaler und seinen Assistenten einmal an der Nase herum zu führen?

Es kam, wie es kommen musste. Nachdem der Maler nur zu laut und so deutlich alles preisgegeben hatte, versuchten die Buschkobolde eines Nachts ihr Glück und öffneten den Schrank mit den Farben für den Himmel. Keiner der Kobolde kannte sich mit den Farben aus und schon gar nicht mit der Vorrichtung und den Werkzeugen, damit das Farbenspiel ungehindert sein Ziel erreicht. Das machte aber dem Chef der Buschkobolde wenig aus und er nahm wahllose Farben, um sie zu mischen. Kurz vor Sonnenaufgang schickten sie ihre persönlichen Farbzusammenstellungen in den Himmel und verschlossen den Schrank so, dass man keinen Verdacht mehr schöpfen konnte.

Zuerst erfolgte eine Aktion als kleiner Test, dann aber machten sich die Buschkobolde überall auf der Welt mit ihren wilden Farbkombinationen zu schaffen. Es war, wie man sich denken konnte, mittlerweile ein heilloses Durcheinander. Sowohl der Himmelsmaler, als auch seine Assistenten konnten sich beim besten Willen das Ganze nicht erklären. Über eine lange Zeit gelang es ihnen nicht, eine gewisse Grundordnung an dem Farbhorizont wiederherzustellen. Diese Stimmung übertrug sich natürlich auch auf die Menschen, die inzwischen nicht mehr planen konnten, was sie möglicherweise am kommenden Tag erwartete. Es wurden zahlreiche Regeln aufgestellt, um vom Ausnahmezustand wieder in die Normalität zu gelangen. Den Buschkobolden gefiel dies, weil sie sich dadurch in ihren Streichen bestätigt gefühlt haben.

Währenddessen waren der Himmelsmaler und seine Assistenten ratlos. Sie versuchten dem Wettlauf gegen das Farbenwirrwarr und dem damit entstandenen Durcheinander auf der Welt entgegenzutreten. Leider oft Fehlanzeige und immer bei einem Funken der Hoffnung folgte meistens ein herber Rückschlag. Doch ewig hielt die Situation nicht an, denn der Himmelsmaler und seine Assistenten hatten eine Möglichkeit gefunden, wie sie den Buschkobolden eine Falle stellen und somit überführen konnten. In einer sternenklaren Nacht wurden die Kobolde nach längerer Zeit endlich zur Rede gestellt.

Ein freundliches Gespräch führte zu einer positiven Kehrtwende im Problem der Gestaltung der Himmelsfarben. Der Himmelsmaler und seine Assistenten haben mit den inzwischen braven Buschkobolden eine stillschweigende Vereinbarung getroffen. Dabei wurde eine Art geheimer Pakt geschlossen, der beide Seiten ihre Berechtigung zulässt, aber auch gleichzeitig beide die notwendigen Freiräume gibt.

Auf unser kurzes Märchen bezogen haben sowohl der Himmelsmaler, als auch die Buschkobolde die Chance bekommen, um den Himmel weiterhin nach Lust und Laune zu färben. Die gewonnenen gemeinsamen neuen Einsichten und die größere Vielfalt haben mehr ergeben, als ein gegeneinander Arbeiten. Es ist eine gute Zusammenarbeit entstanden und nun erklärte sich auch, warum es kuriosere Wetterphänomene (manchmal innerhalb kürzester Zeit) gibt. Bis zum heutigen Tag sind die Buschkobolde und der Himmelsmaler gute Freunde geblieben und haben eine Vielfalt einmaliger Farbspektakel entworfen.

Marienchen auf der Suche nach dem Glück

Vor vielen, vielen Jahren lebte einst ein kleiner Marienkäfer zusammen mit seiner Familie in einem unberührten Landstück. Der Marienkäfer hieß Marienchen und war auch bei seinen Freunden dafür bekannt, dass sich dieser zu nur jeder denkbaren Situation stets gute Gedanken machte. Würde man jeden seiner unzähligen Worte aufschreiben, dann bräuchte man schon sehr viele Seiten, wenn nicht sogar eine beachtliche Menge an leeren Büchern. Manche seiner Genossen bezeichneten ihn als den großen Denker, der auch immer eine passende Antwort auf nur jede mögliche Frage hatte.

Eines hatte Mariechen aber nicht und das war in der Lebenspraxis der Umgang mit alltäglichen Dingen. Zum Glück gab es aber Hilfe und Unterstützung, sodass manche Hilflosigkeit von Marienchen gar nicht erst aufgefallen ist. Neulich hatte Marienchen ein Gespräch zwischen dem Bauer und seiner Frau angehört, als diese in der Nähe seines Lebensbereiches zusammen waren. Manche Marienkäfer haben nämlich eine ganz besondere Gabe, dass sie die Menschen nicht nur in ihrem Handeln, sondern auch in ihren Worten ganz genau verstanden.

Die Bäuerin und der Bauer haben immer wieder von Glück gesprochen und ganz besonders, dass sie zusammen wohl die glücklichsten Bauersleute überhaupt waren. Marienchen hatte trotz des ungebremsten Wissens und seines konstanten Interesses an allen möglichen Dingen noch nie das Wort und die Bedeutung von Glück erfahren. Es war also Grund genug, dass sich dieser auf den Weg machte, um auf diese Frage eine passende Antwort zu finden. Marienchen traf auf seiner Suche nach dem Glück zuerst eine Eintagsfliege. Ganz aufgeregt fragte der Marienkäfer: „Sag mal, was ist für dich denn Glück?"

Ein bisschen überrascht und gleichzeitig verlegen antwortete die Fliege: „Glück? Ganz einfach, mein Freund. Glück ist für mich, wenn ich meine Lebenszeit möglichst so gestaltet, dass es mir gut dabei geht. Denke daran: Alle Zeit im Leben ist begrenzt." Marienchen wusste von der Zeit, aber wie es bei Marienkäfer so ist, haben sie kein richtiges Zeitgefühl.

Also musste die Reise auf der Suche nach dem Glück weitergehen, bis Marienchen einen weiteren Weggenossen getroffen und die gleiche Frage gestellt hat. Dieses Mal war es ein Grashüpfer, der wohl schon länger auf der Wiese lebte. Dies wurde Marienchen sofort klar, weil der Grashüpfer eine Brille trug und nicht ganz so flott mehr von der Stelle kam, was ein kurzes Gespräch mit ihm zu seiner großen Freude möglich machte. „Glück ist für mich, wenn ich mich auf meiner Wiese frei bewegen darf. Ich habe alles, was ich brauche und was ich mir wünsche. Glück ist etwas nicht nur für die ganz Großen und vor allem du kannst es nicht messen und wiegen. Glück ist für mich, wenn ich mit mir in innerer Zufriedenheit und Ruhe lebe. Kleiner Käfer, die Wiese hier ist herrlich. Es gibt keinen besseren Platz für mich. Ich liebe das Leben!", hörte Marienchen noch von dem Grashüpfer und wenige Augenblicke später war dieser verschwunden.

Marienchen war von dieser Suche nach dem Glück schon ziemlich erschöpft. Die warme Frühlingssonne brannte heute besonders stark und der Marienkäfer suchte ein schattiges Plätzchen unter einem Bündel an Margariten. Dem kleinen Entdecker war ein wenig schummrig und es fielen ihm fast die Augen zu. Immer wieder murmelte Marienchen: „Ich muss es noch finden. Irgendwo muss es doch eine Lösung geben, wo das Glück ist. Alle, die sich die ich bisher getroffen habe, haben wir zwar eine Antwort gegeben, aber das Glück habe ich trotzdem noch nicht gesehen. Wenn jeder Gedanke schon einmal gedacht wurde, wieso finde ich in meinem Fall keine Antwort?"

Der Marienkäfer muss wohl darüber wirklich eingeschlafen sein, wurde aber kurze Zeit später wieder aus seinem Tagtraum gerissen.

„Mein kleiner Freund, ich habe eine ganz klare Antwort auf deine Frage und kann dir helfen, dass Glück zu finden." Marienchen war noch immer schlaftrunken und blickte hilfesuchend umher, doch schließlich stellte er schnell fest, dass die Margerite mit ihm sprach, an die er sich angelehnt hatte.

Ganz neugierig und gespannt blickte der Marienkäfer nach oben zu der großen, weißen Blüte. „Also, das Glück ist immer da, wo du bist. Du brauchst es gar nicht zu suchen. Das Geheimnis liegt darin, dass genau das das Geheimnis ist. Suche nicht nach deinem Glück, denn du hast es schon vor dir. Hast du es, dann freu´ dich darüber, dass es für dich da ist. Manchmal ist es vielleicht auch nicht gleich zum Greifen nah und braucht Geduld und Gelassenheit, dann darfst du nicht verzagen. Die Gunst der Stunde und die Quelle des Glücks liegt genau in diesen Dingen, mein lieber Freund. Also, dann los, das Glück wartet, es möchte von dir entdeckt werden."

Mit diesen Worten der Margerite haben sich in den Gedanken von Marienchen mehr Zuversicht und Freude breitgemacht und wie sollte es anders sein zu seinem Glück verholfen.

Die frohe Nachricht hatte Marienchen an alle in der Familie und zu seinen Freunden weitergetragen und von diesem Zeitpunkt an haben Marienkäfer auch ihren Namen bekommen, nämlich Glückskäfer.

Es geht nicht ohne dich

Heute möchte ich euch die Geschichte von der Eidechse Pharafreudio erzählen.

Es ist eine kleine Hommage an die Gemeinsamkeiten in unserem Leben, denn alleine leben geht beim besten Willen nicht. Das trifft auch auf die Tier- und Pflanzenwelt zu, wie wir gleich erfahren werden.

Seit geraumer Zeit lebt Pharafreudio in einer liebevoll gestalteten Steinmauer. Den ganzen Tag über ist die Eidechse damit beschäftigt, die Umgebung zu erkunden. Eidechsen sind dafür bekannt, dass sie stets neugierige Zeitgenossen sind und möglichst jeden unbekannten Ort ganz genau entdecken wollen.

Pharafreudio ging es dabei genauso, aber leider kam es dabei anders, als es kommen sollte. Eines warmen Frühsommertages machte sich die kleine Eidechse auf die Reise durch ihre Steinmauer hinweg über das Gras bis hin zu einer doch recht hohen Mauer aus Holzstäben. Es war irgendwie wie ein kleiner Kasten gebaut.

Die Eidechse war nicht minder mutig und wagte sich entlang des Holzes auf die Anhöhe des riesig erscheinenden Gebildes. Da hatte man einen herrlichen Blick über den schier unendlichen Garten in seiner Hülle und Fülle. Pharafreudio konnte sich in diesem Moment nicht sattsehen und lief relativ ahnungslos auf der schmalen Holzumrandung umher. Es gab in der Tat sehr viel zu bestaunen. Blumen in Hülle und Fülle, herrliche Bäume und überall Obst und Gemüse in den Beeten. Was brauchte eine Eidechse mehr? Sie fühlte sich wohl und wollte für immer hier im Garten bleiben.

Als Pharafreudio so in ihren Gedanken versunken war und vor lauter Glück herum taumelte, geschah es plötzlich. Mit einem Male wurde es der Eidechse schwarz vor Augen und sie fiel ein beachtliches Stück nach unten. Sekunden später merkt Pharafreudio jede

Menge Gemüseabfälle über sich. Es schien fast eine unzählige Menge zu sein, die nicht von alleine fortbewegt werden konnten.

Die kleine Eidechse behielt trotz der zunächst ausweglosen Situation einen ruhigen Kopf und versuchte, sich bemerkbar zu machen. Zum Glück gab es in ihrem Hausgarten allerlei Vögel, die sich munter auf den Bäumen und auf der schönen Wiese bewegten. So kam es schließlich, dass eine Blaumeise auf besagtem Hochbeet landete und dort ein bisschen Ruhe haben wollte.

Dabei dauerte es wiederum nicht lange, bis die Blaumeise von den Unruhen der Eidechse mitbekam. Blaumeisen sind von Haus aus sehr hilfsbereite Zeitgenossen, sodass es Penelope (so hieß unser Retter der Stunde) gelang, Pharafreudio aus den Gemüseresten zu befreien.

Beide wurden durch diese Aktion gute Freunde und trafen sich seitdem jeden Abend, um gemeinsam die Sommersonne untergehen zu sehen.

Die Zeit schritt voran und es wurde ein herrlicher Sommer. Sonne und Wärme standen immer mehr an der Tagesordnung und es wurde dabei auch Zeit, dass neue Gäste zu Herrn Masionelli und seiner Frau Uliana kamen, denn schließlich gab es noch viel mehr Geschichten aus dem „Blätterpoeten" zu erzählen.

Der Zauberer Zirini, Gertrude Ganzgenau und Herr Hansemann wurden genau wie Willibert Wiesel, Antasi, Lunelli und Zetha durch einen mysteriösen Koffer zum Baumhaus geholt.

Doch ehe sich einer der neugeladenen Gäste einen Gedanken über dieses ungewöhnliche Behältnis machen konnte, war es soweit. Jetzt befanden sie sich auch im Baumhaus der Familie Masionelli.

Der Sommer ist ja bekanntermaßen die Jahreszeit, in der vieles grünt und blüht, allen voran unzählige Früchte. Schon beim zaghaften Öffnen der beiden Laschen umspielte eine herrliche Komposition aus Beeren gemischt mit Honig die Nasen der Entdecker. Kurze Zeit später wurden diese in den Koffer gezogen und befanden sich im freien Flug durch den blauen Himmel, der ab und zu durch die eine oder andere Schäfchenwolke unterbrochen wurde.

Sanft landeten sie vor dem Haus von Herrn und Frau Masionelli und dem daran angrenzenden Baumhaus. Uliana musste besonders Gertrude Ganzgenau etwas beruhigen, weil diese von dem urplötzlichen Wechsel mehr als überwältigt war.

„Was um alles in der Welt war das jetzt?", fragte sie und irrte wie ein wildes Huhn umher. Uliana hatte aber alles fest im Griff: „Bleiben Sie ruhig, werte Frau Ganzgenau. Wir haben Sie zu uns eingeladen, um ein paar schöne Stunden im herrlichen Sommer miteinander zu verbringen." Herr Hansemann beschwichtigte ebenfalls die zunächst kuriose Lage. Einzig und allein der Zauberer Zirini war wie immer die Entspannung in Person. Durch die versteckte Regenbogentreppe gelangten alle Besucher in einen Teil des Baumhauses, der von nun an mit der Jahreszeit Sommer in Verbindung stand. Auch dieser Teil war in seiner Schönheit nicht zu übertreffen. Die überdimensionalen Fenster waren durch verziertes Eisen geschmückt. Die Sonne fand ihren ungehinderten Weg in den ebenfalls antik gestalteten Innenraum. Masi und Uliana baten ihre Gäste zu Tisch, damit sich diese zunächst einmal stärken konnten.

Neben Erdbeerschorle wurden Obstsalat und viele weitere selbstgemachte Leckereien aufgetischt.

Masi begann schließlich mit ein paar Worten zur Begrüßung: „Meine lieben Freunde, ich freue mich, dass ihr den Weg zu uns gefunden habt. Vielleicht sollte ich besser sagen, dass du, mein wertes Köfferchen, unsere Freunde so schnell zu uns geleitet hast.". Dabei streichelte Masi einen der Koffer wie einen verschmusten Stubentiger und war sehr stolz darauf, dass auch der Zauberer Zirini diesem magischen Gefährt nichts entgegenzusetzen hatte.

„Es gibt ein paar Gründe, weshalb wir euch zu uns eingeladen haben. Zum einen möchten wir mit allen aus den vorherigen Geschichten noch einmal Zeit verbringen und zum anderen gibt es natürlich auch neue kleine Erlebnisse, die nur darauf warten, dass sie erzählt werden.", setzte er seine Worte fort und hielt sein Werk „Der Blätterpoet" stolz in den Händen.

Alle lauschten ihm gespannt und warteten geradezu auf die erste Sommergeschichte. Im Baumhaus war es trotz der hohen Temperaturen angenehm und jeder machte es sich gemütlich.

Als der Storch den Abendstern vertrat
Vollmond war es inmitten einer sternenklaren Nacht. Es war heute Nacht so hell, dass man getrost auf jede Gartenanlage einen Blick werfen konnte, ohne dass man eine Taschenlampe brauchte. Am Tag war es zudem relativ warm, denn die Sonne machte ihren Ruf hier alle Ehre. Sommer in der Stadt und das ist auch für Störche nicht immer so einfach.

Störche sind zwar robuste Zeitgenossen, wenn aber Hitze und Vollmond aufeinandertreffen, dann ist es auch für diese Zeitgenossen eine besonders große Herausforderung. Nicht viel anders ging es dabei dem Abendstern, der ebenfalls nicht zur Ruhe kommen wollte. Hegte dieser außerdem schon immer den Wunsch, einmal die spektakulären Lichter der Großstadt aus nächster Nähe zu erleben.

So kam es, wie es kommen musste. „Ach, es ist doch ein Graus. Jede Nacht immer an der gleichen Stelle. Ruhig muss man sein, ja man darf auch nicht weg. Das schreibt die Sternengewerkschaft alles ganz genau vor und wer sich nicht daran hält, der muss mit einer Reduzierung seiner Leuchtkraft rechnen. Alles zum Zwecke der Vernunft. Mir ist es mit der Zeit so öde und langweilig. Ich möchte zu gerne nur eine Reise machen und einmal in meiner Sternenexistenz die großen Städte mit ihren bunten Facetten erleben.

Dazu brauche ich aber ein Ersatzstern, damit es gar nicht auffällt, dass ich weg bin. Mag es auch nur für ein paar Stunden sein. Was soll ich nur machen?", murmelte der Abendstern so vor sich hin und begann zu blinken. Wenn Sterne blinken, dann denken sie heftig nach und sind auf der Suche nach vielleicht kreativen Lösungen für ihre Gedanken und Vorstellungen.

Nicht viel anders erging es dem Storch auf dem Schornstein der alten Fabrik. „Heute ist mal wieder einer der Tage, den ich am liebsten umtauschen möchte. Nichts hat geklappt und dazu auch noch diese Hitze. Jetzt ist an Schlaf auch nicht zu denken, weil der Vollmond es wieder zu gut mit allem meint.", klapperte der Storch in seinen Schnabel und sah gleichzeitig den blinkenden Abendstern, als er an den Himmel schaute.

Wie ein Gedankenblitz trafen sich die beiden Blicke und wie es der Zufall so will, haben sich der Storch und der Abendstern gegenseitig gleich sehr gut verstanden. Wie auch immer das genau zustande kam, bleibt wohl ein festes Geheimnis in dieser Geschichte.

Gehen wir noch ein bisschen in der Zeit zurück. Störche sind bekanntlich sehr intelligente Wesen, so auch unser Hauptdarsteller aus dieser kleinen Geschichte. Intelligent heißt in diesem Fall, dass sie manchmal auch Erfinder sein können. Unser Storch, dessen Namen übrigens aus dem Grund geheim bleiben soll, hat ein Sternentelefon erfunden. Den Technikern sei kurz gesagt, dass es dafür weder ein angemeldetes Patent, noch einen Bauplan gibt. Allerdings gibt es ein solches Exemplar in der Tat, wenn auch nur einmal auf der Welt. Vorstellen müssen wir uns das wie eine Art Lautsprecher, wie bei alten Schallplattenspielern. Da gab es doch sogar einmal 78er Platten und genau so wie diese Geräte sieht unsere Möglichkeit aus, zwischen Störchen und Sternen zu kommunizieren.

Der Storch konnte also mit einem solchen Sternentelefon sehr gut den Abendstern verstehen und auch gleichzeitig mit ihm sprechen. Dies ist also die Antwort, wie die Verständigung der beiden aussah. Mehr ist in der Überlieferung nicht aufgeschrieben. Der

Storch und der Abendstern waren sich somit schnell einig.

„Also du machst deine kleine Reise in die gewünschten großen Städte und ich halte für dich die Stellung, damit es keinem und schon gar nicht der Sternengewerkschaft auffällt."

Der Abendstern ließ sich das nicht zweimal sagen und verschwand. Den Freudenschweif hätte man glatt als Weihnachtsstern durchgehen lassen können. Unser Storch war stolz darauf, dass er eine Weitere seiner Erfindung zum Besten bringen konnte. Die Sternen-Ersatz-Simulationslampe half, dass es nicht auffiel, dass ein Storch einen Stern doubelt. Die besagte Lampe hatte die Eigenschaft, sich wie von selbst auf den Kopf der Storch anzubringen. Der Storch kann somit klappern und gleichzeitig als Abendstern leuchten.

Einzig und allein der Vollmond könnte diese Trickserei merken. Wie sich aber später herausstellte, ist die Tauschaktion von Stern und Storch sehr gut gelaufen. Beide haben ihre Rollen erstklassig gespielt und nicht einmal die Sternengewerkschaft ist hinter die Schummelei gekommen.

Falls ihr also einmal mitten im Sommer ein Storch mit einer Sternenlampe trefft, dann wisst ihr, dass der Abendstern wieder einmal auf Entdeckungstour gegangen ist und einen würdigen Ersatz gesucht hat.

Während des Erzählens von Herrn Masionelli haben alle ihren Gedanken nachgehangen und dabei an Augenblicke gedacht, bei denen der nächtliche Sternenhimmel von ihnen mit großer Neugierde beobachtet wurde. Ganz besonders Gertrude Ganzgenau und Herr Hansemann haben dies in ihrem gemeinsamen Leben sehr oft zusammen gemacht. Herrn Hansemann ist im Baumhaus noch etwas anderes aufgefallen. Stand doch in der Ecke ein kleines weißes Schränkchen mit goldenen Griffen und Füßen.
„Ist das so, dass ihr das hier im Baumhaus habt? Es erinnert mich an meine Kindheit.", begann Herr Hansemann neugierig zu fragen und deutete dabei auf das besagte Möbelstück.
„Ganz im Gegenteil: Mich erinnert es mehr an eine Einrichtung in einem Schloss, mein lieber Freund", widersprach Gertrude Ganzgenau Herrn Hansemann.

Nach einigen Minuten des Schweigens erklärte Uliana die Besonderheit des weißen Möbelstückes. „Liebe Freunde, das ist genau das, was das Schränkchen ausmacht: Für jeden bringt es eine vollkommen andere Assoziation oder gar Erinnerung. Ich glaube, wir sollten euch jetzt einmal mehr davon erzählen.", erklärte Juliana mit ruhigem Ton und schaute zugleich aufmerksam in die Runde ihrer Zuhörer. Nach einem beipflichtenden Nicken aller begann Masi mit dem Erzählen:

Der Weg zu deinen Träumen

Meine Lieben, sehr gerne möchte ich euch berichten, wie Uliana und ich zu diesem ganz besonderen Möbelstück gekommen sind und welche Erfahrungen damit verbunden ist.

Alles begann an einem tristen und für den Sommer eher kühlen Tag. Wir beide wollten unseren großen Dachboden einmal auf Vordermann bringen und haben dabei etliches an Dingen entdeckt, die schon sehr lange in Vergessenheit geraten sind. Dazu gehörte auch dieses Teil, vermutlich ein Nachtkästchen wie wir beide denken.

Um es etwas abzukürzen: Wir haben den Schrank gesäubert und mit einer neuen Farbe versehen. Es kam dann so, dass wir dafür einen passenden Platz in unserem Baumhaus gefunden haben. Bisher nichts weiter Außergewöhnliches. Aber dann ein paar Tage später war die untere Türe auf einmal geöffnet und es schwirrten um das Kästchen unzählige Glühwürmchen herum. Zunächst dachten wir nichts weiter, aber fast zeitgleich hörte man noch eine leise Melodie und wir mussten dieser Sache genauer auf den Grund gehen. Uliana und ich waren wohl kurze Zeit später vollkommen in den Bann gezogen und befanden uns, wie von Geisterhand geführt, mit einem Mal mitten in dem Kästchen.

Ihr werdet euch jetzt bestimmt fragen, wie es genau dazu kommen kann, aber das wird wohl für immer ein gut gehütetes Geheimnis bleiben. Aber weiter.

Wir befanden uns auf einer Straße mit uralten, gelben Blockhäusern auf der linken Seite und einer schier unendlichen Mauer auf der rechten Seite der Straße oder vielleicht sollte man besser sagen, dass es ein fast unendlicher Weg war.

Die Sonne verschwand langsam am Horizont und ließ ihre Schatten durch die Häuserlücken auf die Straße fallen. Nichts ahnend liefen wir beide voller Neugierde gepackt den Weg voran, bis wir ein Schild am Rande entdeckten. Auf dem Schild stand: „Weg zu deinen Träumen".

Nach wie vor hörten wir die wohlklingende Melodie und folgten dem Schild wie in Trance. Dabei merkten wir nicht, dass die Strecke mittlerweile immer weiter ging. Einige Zeit später begleiteten uns die Glühwürmchen vom Anfang und wir standen plötzlich auf einer Anhöhe. Uliana musste mich zurückhalten, da ich von der Faszination des Augenblicks mehr gebannt war und somit dann doch das plötzliche Ende des Weges gar nicht gemerkt habe.

Da standen wir also und hatten einen atemberaubenden Blick über eine Felslandschaft mit großem See, der davon eingerahmt wurde.

Liebe Freunde, ihr werdet euch vielleicht jetzt die Frage stellen, wie das alles in ein Nachttischkästchen passt, aber auch hier haben wir wohl keine passende Antwort für euch bereit. Inzwischen war die Sonne am Ende des

Horizonts und erfüllte diesen mit einem herrlichen Orangeton.

Meine Frau und ich verweilten eine Ewigkeit in dieser Situation, bis es vollends dunkel wurde. Die Sterne der heutigen Nacht leuchteten ganz besonders hell und das Glitzern am Horizont machte diesen zu einer magischen Unendlichkeit. Ihr selbst wisst, dass man sich bei Sternschnuppen etwas wünschen darf und dies gibt nun auch den Grund für das Schild „Weg zu deinen Träumen".

Nichtsahnend flog eine einmalig herrliche und intensiv leuchtende Sternschnuppe an uns vorbei. Jeder von uns beiden mag sich wohl etwas gewünscht haben, was der andere auf keinen Fall verraten durfte. Dann geschah es: Aus den Sternen entstanden ein paar wenige Sätze, die klar am Nachthimmel zu lesen waren.

Die Wahrheit liegt in dir.

Das Glück begegnet dir in Momenten der Ahnungslosigkeit.

Zufriedenheit ist ein Zustand innerer Stärke.
Liebe nährt deine Seele.

Sei im Einklang mit dir selbst und die äußere Welt ist es auch mit dir.

Deine Träume sind der Ozean deiner Vorstellungskraft.

Glaube fest daran und du wirst sehen: Auch der Weg zu deinen Träumen besteht aus vielen, kleinen oder auch großen Momenten. Diese warten nur darauf, von dir entdeckt zu werden.

Mit diesen Worten war die kleine Erzählung von Herrn Masionelli schon wieder vorbei. Sowohl seine Frau, als auch die anwesenden Gäste im Baumhaus genossen diese Gedanken wie ein leckeres Sommermenü im teuersten Restaurant der Welt.

Der Sommer neigte sich langsam dem Ende entgegen und die Tage begannen wieder kürzer zu werden. Es war gerade die Zeit, in der sich Schnobi Schneebär vor seinem Winterauftritt erholen konnte. Bis heute war es ein sehr gut gehütetes Geheimnis, wo sich der Schneeverantwortliche während dieser Monate aufhielt. Nun, es war nicht in den Wolken, nein,

Schnobi hatte ein kleines, beschauliches, aber zugleich auch gemütliches Holzhaus an einem Ufer. Ringsum waren Bäume und gegenüber gab es ein Berg, der im Herbst mit goldenen Farben seinen besonderen Reiz hatte.

Schnobi hatte in diesem Jahr einen neuen Freund gewonnen. Es war zunächst eine außergewöhnliche Begegnung, die sich aber später als gewinnbringend für beide herausstellte. Aber fangen wir am besten von vorne an:

Eines Nachts konnte Schnobi Schneebär wieder einmal nicht gut schlafen. Immer wieder wälzte er sich in seinem Bett und beschloss nach gefühlten Stunden des Wachliegendes, dass er einen kleinen Spaziergang machen könnte. Der Vollmond schien so hell, dass es überhaupt kein Problem für ihn sein sollte, hier ein wenig in der Finsternis herumzulaufen.

Bereits wenige Meter um sein kleines Haus herum wurde es ihm trotzdem etwas mulmig, denn Schneebären sind eigentlich ganz schöne Angsthasen, auch wenn das Wort hier sicherlich nicht richtig gewählt ist. Also wieder zurück, denn das Rascheln nicht unweit von Schnobi bestätigte ihm, dass es zu Hause doch ruhiger und besser ist.

In den darauffolgenden Wochen machte er immer wieder diese hörbaren Entdeckungen bei Einbruch der Dunkelheit draußen vor seinem Haus. So ging es noch eine ganze Weile weiter bis an dem Tag vor dem Weihnachtsfest. Auch hier war Schnobi Schneebär noch nicht in den Wolken, um den lang ersehnten Schnee zu verteilen. Grund genug gab es, denn in diesem Jahr durfte man seine Wohnung nur aus triftigen Gründen verlassen. Freilich wäre seine Hauptaufgabe das Schneemachen, aber man muss grundsätzlich nichts überstürzen.

An diesem besagten Abend trat ein neuer Bekannter und später sehr guter Freund in das Leben von Schnobi Schneebär.

Zur Vorbereitung des Weihnachtsfestes hatte er einen kleinen Tannenbaum in seiner überaus großen Vergesslichkeit vor seinem Häuschen stehen gelassen. Bekanntlich sind Schneebären sehr zerstreute Zeitgenossen, was sich an diesem Beispiel wieder einmal bestätigte.

So stand also der Weihnachtsbaum in einem kleinen weißen Eimer mitten vor der Haustür. Schnobi machte es sich gerade bei einem Tee und herrlicher Musik gemütlich, bis es einen nicht zu übertönen Schlag machte.

„Peng, Patsch!", mehr konnte der Schneebär nicht vernehmen, da er sofort aus seinem Ohrensessel heraussprang und vor die Tür eilte. „Wer stellt denn um alles in der Welt seinen Weihnachtsbaum hier mitten in den Weg? Zum Fuchs aber auch! Also wirklich…", fluchte es unter dem umgeworfenen Tannenbaum.

Schnobi eilte und hob den Baum ganz schnell wieder auf. „Mein schöner Baum. Und morgen ist doch Weihnachten. Sag mal kannst du nicht aufpassen?", ermahnte Schnobi mit einer Prise Patzigkeit den Waldbewohner, der unter diesen hervor kam. Der Schneebär dachte gar nichts weiter dabei, obwohl er sonst ein sehr fürsorglicher Zeitgenosse ist.

„Was heißt da aufpassen?", raunte es zurück. Wahrscheinlich wäre dieses kleine Wortgefecht noch eine Ewigkeit so weiter gegangen, wenn es nicht heftig zu regnen begonnen hatte. Schnobi Schneebär stellte den Baum wieder auf und wollte gerade zurück in seine vier Wände gehen, da legte der aufgebrachte Zeitgenosse nochmals nach: „Ja, gut, Entschuldigung angenommen. Ja, ja, es geht schon wieder. Danke deiner

Nachfrage.", murmelte dieser noch leicht benommen vor sich hin.

Vom ersten Schreck erholt, realisierte Schnobi vollumfänglich die Situation. „Oh, klar, ich bin gar nicht so. Es ist nur wegen Weihnachten. Ich bin ein großer Fan von diesem Fest und dieses Jahr habe ich die Chance auf einen eigenen Baum. Ich wollte dich nicht übergehen. Magst du vielleicht dich bei mir von dem Schock erholen?", besänftigte Schnobi die Situation.

Es war schon ein lustiges Bild: Das stand ein Weihnachtsbaum in einem Eimer und daneben konnte man Schnobi und einen kleinen Fuchs sehen. Alles war durch das Licht der offenen Türe aus gut zu erkennen.

„Oh, zu gerne. Gestatten, dann möchte ich mich auch vorstellen: Ich bin Smüdi und auch ich entschuldige mich, dass ich unfreundlich war.", erwiderte der Fuchs und lief hinter dem Schneebär in sein Haus.

„Freut mich, dass ich dich kennen lerne. Ich bin Schnobi", wollte der Schneebär gerade beginnen."

„Ja, ich weiß, du bist der, der für den Schnee verantwortlich ist.", ergänzte Smüdi seine Worte. „Nun ja, das ehrt mich, dass du mich kennst. Aber so richtig einen guten Namen habe ich mir in den letzten Jahren auch nicht gemacht. Oft gab es zu wenig Schnee oder alles ist gleich ganz ausgefallen. Die Schneemaschine immer mal wieder kaputt oder es gab Störenfriede. Seit diesem Jahr ist alles anders. Nicht nur das Leben hat sich überall auf der Welt geändert, nein auch meine Arbeit als Schneebeauftragter.", erklärte Schnobi dem neugierigen Fuchs.

Dieser staunte nicht wenig, als er ein Smartphone auf dem Tisch liegen sah. „Das nennt man Smartsnow. Alles nur auf Knopfdruck. Viel Schnee, wenig Schnee. Kannst alles programmieren und ganz gemütlich von Zuhause aus steuern. Neudeutsch: Ich bin im Home Office und arbeite von da aus."

„Home? Was für ein Fisch?", fragte Smüdi und legte dabei seinen Kopf leicht nach rechts geneigt. Füchse, die ihren Kopf auf diese Seite legen, wirken nicht nur besonders schlau, sondern machen stets einen äußerst interessierten Eindruck. Schnobi Schneebär erklärte Smüdi alles rund um seine neue, alte Aufgabe, die nun ein anderes Gewand bekommen hatte. Dabei verging viel Zeit und es war mittlerweile mitten in der Nacht.

Smüdi erzählte auch von seinen Erlebnissen und davon, dass er leidenschaftlicher Sammler kleiner Geschichten ist. „Das ist ja super. Ich liebe es, Geschichten zu hören oder auch zu lesen. Weißt du, was wie wäre es, wenn du mit mir zusammen ein paar Geschichten teilst. Morgen ist Weihnachten und wir haben Zeit.“

Smüdi strahlte vor Freude, denn was sollte es schon Besseres geben, als Geschichten miteinander zu teilen.

Ein geschichteliebender Fuchs alleine an den Feiertagen im Wald bei Dauerregen, das ist auch nichts. Apropos Dauerregen. Diesen gab es statt Schnee. Es stellte sich heraus, dass Snobi den Smartsnow nicht auf die neueste Version aktualisiert hatte und so kann es vorkommen, dass statt Schneeflocken nur große Tropfen aus den Wolken ihren Weg auf die Erde finden.

Smüdi half als zudem technikbegeisterter Fuchs dem Schneebär bei der Lösung dieses Problems. Es gab viele Tipps, so dass es passend zum Christfest mit einer wahren Schneepracht endete.

Die restliche Nacht vor dem Heiligen Abend verging sehr schnell und einige Augenblicke, nachdem Smartsnow noch die Version 21 bekommen hatte, ließ der lang ersehnte Schnee nicht mehr auf sich warten. Schnobi selbst staunte nicht wenig, als er aus dem Fenster blickte. Alles um sein Häuschen war im tiefsten Weiß gehüllt. Die Bäume auf den angrenzenden Berg wurden fast von Schneemassen erdrückt. Der strahlend blaue Himmel am nächsten Tag und die Sonne haben diesen Morgen einen Hauch von Unendlichkeit gegeben. Der Zauber der Weihnacht lag in der Luft und wenn man ganz genau aufpasst, dann konnte man die nächste Geschichte schon erahnen.

Mit einem heißen Weihnachtstee machten es sich Schnobi und Smüdi vor dem Fenster zu Hause beim Schneeschauen gemütlich. Smüdi räusperte sich kurz und begann mit seinem Erzählen:

Wie alles begann

Lieber Freund, meine Geschichte ist eigentlich auf den ersten Blick eine ganz normale Liebesgeschichte, aber lass dich mal überraschen. Es ist die Geschichte von zwei Menschen, die sich in ihrem Leben gefunden haben, um gemeinsam ihren Weg zu gehen. Dabei haben sie ihrer Kreativität freien Raum gelassen, wie du später noch erfahren wirst.

Alles ereignete sich in einem Antiquitätengeschäft in einer kleinen Stadt. Von außen ließ sich nichts von der Größe und Besonderheit erahnen, aber jeder Besucher war stets von der Schönheit und dem Glanz fasziniert, den der kleine Laden immer wieder aufs Neue ausstrahlte. Da gab es allerlei antike Haushaltswaren, Bücher und auch sonst tolle Gegenstände zu bewundern.

Zur Weihnachtszeit kramte Anton Antika eine Sammlung seltener Christbaumkugeln aus den hinteren Ecken seines Geschäfts und platzierte diese mitten im Verkaufsraum. Für etliche Jahre hatten diese auf den Augenblick gewartet, dass sie einen neuen und wohlverdienten Ort finden. Durch den Staub der gelblichen Schachteln überkam dem Händler ein kräftiges „Hatschi". Um die Verpackung legte er einige Tannenzweige und hoffte auf einen Verkaufserfolg.

In diesem Jahr war alles anders, es gab keine Weihnachtsmärkte, keine Feiern und die Menschen mussten am besten zu Hause bleiben. In zwei Tagen musste er an seine Geschäfte abschließen und dann seinen Laden bis auf weiteres komplett schließen. Ein Lockdown stand bevor, weil die Welt vor einem heimtückischen Virus seit Monaten beherrscht wird.

Alle wünschen sich, dass dieses Trauerspiel bald einmal ein Ende finden wird und jeder trug seinen Teil dazu bei. Kurz bevor Anton Antika am Vorabend sein Geschäft schließen musste, kam eine junge Frau. Trotzdem sie eine Schutzmaske trug, die überall von den Behörden angeordnet wurde, erkannte er, dass die Frau sehr traurig und verzweifelt aussah. Still lief sie im Laden umher und ihr Blick ging dabei immer wieder auf die gelbliche Schachtel, die diese schließlich mitnahm.

„Darf ich sonst noch etwas für Sie tun?", fragte Anton Antika die Frau. Auch hier kam fast kein Wort über ihre Lippen nur ein zaghaftes „Nein. Frohes Fest" hat der Antiquitätenhändler vernehmen können.

Kurze Zeit später schlossen überall in der Stadt die Geschäfte. Der schimmernde Glanz der Vorweihnachtszeit versteckte sich hinter tristen Fassaden. Eine schier erdrückende Dunkelheit lag über den Straßen der sonst so fröhlichen und lebensbejahend Stadt. Ebenso die 18:00 Uhr Glocken klangen dieses Mal leiser und stockender als sonst. Kein Auto, kein Bus, gar nichts war mehr zu sehen. Selbst Lumpino, die Katze, die immer um die Häuser streifte, schien sich in ihrem Unterschlupf zu verkrümeln.

An diesem Abend legte sich dichter Nebel über die Stadt und es schien fast so, dass die Menschen wie eine Art Winterschlaf hielten. Durch die Sorge, dass man krank werden würde, war allerhöchste Vorsicht geboten.

Auf direktem Weg ging die junge Frau mit Namen Uliana nach Hause. Dort angekommen, legte sie behutsam das erworbene Paket auf den Tisch und versank mit weinendem Gesicht auf ihrem Sessel. Sie hatte ihren Kopf in die Hände gelegt und könne man die Traurigkeit beschreiben, wäre es fast wie ein nicht enden wollenden Dauerregen mit Gewitter und Sturm gleichzeitig. Was Uliana durch den Kopf ging, war, dass sie derart voll Sorgen und Trübsal geprägt war. Nach gefühlten Stunden in ihrem Sessel begann die junge Frau mit dem Schmücken ihres kleinen Weihnachtsbaumes. Die gelbe Lichterkette legte sie anmutend um den Baum und mit dem Ergebnis konnte sie zufrieden sein. Ein leichtes Schmunzeln überkam dennoch ihre Lippen.

„Die gute, alte Zeit ist doch nicht vollkommen vorbei.", dachte sie vor sich hin. In diesem Moment an schöne und einmalige Erinnerungen wurde Uliana sichtlich unaufmerksam. Ein Ruck zu viel und die gelbliche Schachtel mit der Glaskugel fiel auf den Boden.

Uliana blieb das Herz stecken. Weihnachten ohne einen vollkommen geschmückten Baum, das ist wie Ostern ohne bunte Eier. Zu dumm aber auch, dass das ausgerechnet heute passieren musste. Die junge Frau verfiel sofort wieder in Trübsal und jetzt überlegte sie, dass sie den Baum gleich auf den Balkon stellen konnte, damit dieser mindestens für die Vögel und Futter vorhanden sein kann.

Uliana öffnete die Tür und trat auf ihren kleinen Balkon. Weiterhin herrschte andächtige Stille. Nur das Licht der Straßenlaternen war zu sehen und die zahlreichen dichten Schneeflocken, die sich darin widerspiegelten. Sie spürte zunächst gar nicht, dass es deutlich kälter war als gedacht und es kam erschwerend hinzu, dass sie ohne Schuhe und Strümpfe inmitten des Schnees stand. Aus der Ferne hörte man ein sanftes Geigenspiel eines wohl bekannten Weihnachtsliedes. Uliana lauschte diesen und spürte erneut, wie die Tränen in ihr hochstiegen und wie der Kloß in ihrem Hals immer dicker wurde.

„Hätte ich doch bloß auf Mama gehört und wäre nicht in diese Stadt gezogen. Ich dachte, dass ich mir eine kleine Existenz aufbauen könnte, wenn ich mit meinem Hobbyladen durchstarte, aber weit gefehlt. Zuerst kam niemand und dann musste ich lange schließen. Alle mussten schließen. Auch das eine Cafe am Ende der Straße. Zu gerne habe ich die Abende dort verbracht. Einen Tee schlürfen und die Menschen beobachten, das war toll und jetzt: Alles zu. Nichts ist mehr los und keiner weiß wie lange das noch dauert.", dachte Uliana so vor sich hin.

Das Geigenspiel verstummte und die junge Frau bekam langsam wirklich kältere Füße und eilte in ihrer Wohnung, um sich unter ihre rote Decke zu kuscheln. Müde und erschöpft schlief Uliana ein und vergaß dabei die Schachtel auf dem Fußboden. Ein eisiger Wind wehte durch die Straßen und die Nacht schien dieses Mal fast doppelt so lang zu dauern als normalerweise. Der Schneesturm legte sich und durch das große Fenster zum Balkon schien der Mond.

Sanft berührte Uliana das Licht ihr Gesicht, so dass sie mit der Zeit davon aufwachte. Zunächst dachte sie, dass es vielleicht die Morgensonne war. Aber weit gefehlt! Mit verschwommenem Blick versuchte die junge Frau eine erste Orientierung in ihrem Zimmer zu bekommen, verfiel aber erneut in Müdigkeit und wieder in den Schlaf. Stunden später machte es einen heftigen Schlag. Uliana stand senkrecht und sah zwei Schreihälse draußen auf der Straße, die heftig miteinander stritten.

„Was soll's", dachte Juliana. „Die beiden Nachbarn können auch in der Weihnachtszeit ihre Zwistigkeiten nicht besiegen." Gedankenverloren und noch immer barfuß wollte sie in die Küche laufen, um sich einen Kaffee zu kochen.

Plötzlich: „Aua, wer hat denn hier seine Scherben auf dem Boden nicht weggeräumt?", fluchte sie und versuchte ein kleines Stück Glaskugel als ihrer Zehe zu entfernen. Die Frau war geschockt und wütend über sich selbst, dass sie gar nicht gleich merkte, dass es sich hier nicht um gewöhnliche Glaskugeln handelte. Beim Aufstehen bemerkte sie einen kleinen Zettel, der zugleich ihre Neugierde weckte.

Mit zittrigen Händen begann sie zu lesen: „Meine liebe Finderin, mein lieber Finder, ich hoffe, dass du dich nicht zu sehr verletzt hast, als du meine Botschaft hier in Empfang genommen hast. Meine Zeilen erreichen dich wahrscheinlich in der Vorweihnachtszeit oder auch danach beim Aufräumen. Jedenfalls haben wir eines gemeinsam: Wir sind beide nicht aufmerksame Zeitgenossen. Sonst wäre dir das Missgeschick mit der zerbrochenen Glaskugel sicherlich nicht passiert.

Warum ich dir schreibe? Ganz einfach: Ich wollte dich fragen, wie du dich fühlst. Jetzt, in diesem Augenblick. Du wirst dir denken, dass es vielleicht komisch ist, dass ein Unbekannter so etwas schreibt und du weißt nicht wer dies sein mag.

Wenn dein Herz bereit ist, dann antworte mir. Mögen die Zeiten auch noch so schwierig sein, es findet sich immer ein Weg, dass deine Zeilen zu mir gelangen. Ich habe nämlich schlaue Verbündete. Vielleicht werden wir auch Verbündete.

Es grüßt dich. ….."

An dieser Stelle war das Papier leider vollkommen zerrissen, so dass Juliana den Namen der vermeintlich dort stehen müsste, nicht lesen konnte. Den schmerzenden Fuß hatte sie fast vergessen, da die junge Frau die Zeilen mehrfach gelesen hat und dabei ins Grübeln gekommen ist.

Neugierde stieg in ihr auf und der Trübsinn der letzten Tage wurde dadurch zusehends in den Hintergrund gedrängt. Uliana dachte sich nur, ob sie eine Antwort schreiben soll oder nicht fragen. Und was geht es schon einer Person an, was ich fühle? Und noch mehr: Wie kommt das Papier zu seinem Empfänger? Man darf sein zu Hause nicht mehr verlassen oder nur mit triftigen Gründen. Die Schreierei auf der Straße wurde mittlerweile beendet und Uliana begann ihren Weihnachtsbaum mit den verbleibenden Glaskuchen zu schmücken.

Es machte sich Fröhlichkeit in ihr breit und es war ihr danach, eine Langspielplatte mit alten Weihnachtsliedern auf den Plattenteller zu legen.

Eine weiße Kerze flackerte munter auf dem Tisch, der auch als Schreibtisch diente. Uliana nahm einen Bleistift und ein kleines Stück Papier. Ohne groß nachzudenken begann sie zu schreiben:

„Lieber Unbekannter, die Wege sind oft unergründlich. Da kauft man sich mitten in der schwersten Zeit unserer Gegenwart eine Schachtel alter Glaskugeln und findet deinen Brief.

Natürlich bin ich neugierig, wer dahintersteckt und deshalb schreibe ich dir auch eine Antwort. Du fragst mich, wie ich mich fühle. Ich fühle mich leer, sinnlos und ohne Perspektive. Mein Leben ist in frühen, jungen Jahren durch die Weltkrise gescheitert. Keiner kann mir sagen, wie es weitergeht. Weißt du es?"

Beim Formulieren dieser Worte rollten erneut einzelne Träne über die Wange von Uliana, denn das angedeutete Schreiben ihres Schicksals wurde ihr somit leider wieder sehr bewusst. Die junge Frau faltete das Blatt zusammen und legte es aufs Fenster. Es war nämlich nicht klar, wie die Zeilen zu ihrem Empfänger kommen sollten. Inzwischen war es Mittag, die Sonne schien und die Luft war klar und frisch.

Uliana lüftete ihr Wohnzimmer und ging weg, um sich eine Kleinigkeit zum Essen zu holen. Genau in diesem Moment geschah es, es war wie von Geisterhand gesteuert. Lautlos und unbemerkt landete eine Taube auf dem Fenster von Ulianas Wohnung und nahm wie aus der Ferne gesteuert das Papier auf. Ganz schnell war diese auch wieder weg, lediglich ein paar Spuren konnte man im Schnee entdecken.

Uliana kam wenige Minuten später in ihr Wohnzimmer zurück und merkte zunächst noch gar nicht, was mit den Zeilen an den Unbekannten geschah. Ein herrlicher Duft aus Orange mit Nelken umspielte ihre Nase und es machte sich eine heimelige Atmosphäre breit. Ihre Sorgen der letzten Tage und die Traurigkeit waren wie weggeblasen.

Mittlerweile verschwand die Sonne am Nachmittagshimmel hinter den Häusern der Kleinstadt und Uliana schloss das wohl seit Stunden offene Fenster. Mit einem überraschenden Blick nahm sie wahr, dass das

Papier auf Reisen gegangen sein musste, dachte sich aber zugleich auch nichts weiter dabei.

Im seichten Dämmerschlaf verfallen klopfte es später an ihre Fensterscheibe. „Was um alles in der Welt ist den schon wieder los?", grummelte sie vor sich hin und öffnete ohne weiteres Nachdenken das Fenster. Die gelben Lichter der Stadt brannten Uliana in ihren müden Augen, aber sie ließ es sich nicht nehmen, den roten Umschlag, der dort lag, an sich zu nehmen.

Uliana öffnete diesen voller Neugierde und spürte sofort ihren Herzschlag deutlicher. Es war der Weihnachtstag und es gab eine Botschaft für sie.

„Liebe noch Unbekannte, das klingt ja gar nicht gut, wenn du mir von solchen traurigen Dingen erzählt. Ich zum Beispiel fühle mich in diesem Augenblick voller Zuversicht und Spannung und würde diese gerne mit dir teilen.

Na, wie wär's? Morgen ist der erste Weihnachtstag und wir könnten uns doch ein schönes Fest machen. Wenn du bereit bist, dann gib mir bitte ein Zeichen.

Vielleicht fragst du dich, wie du das machen sollst, dann höre auf dein Herz. Ich freue mich auf dich. Dein Masi."

Uliana stand wie versteinert da, denn sie wusste nicht, wie ihr geschah. Auf der einen Seite: Was hatte sie schon zu verlieren? Nichts. Vielleicht nimmt alles eine gute Wendung und kurzentschlossen schickte sie nochmals eine kleine Antwort an Masi.

„Morgen bin ich bei dir. Nur weiß ich nicht, wann und wo genau? Und wie will ich denn zu dir kommen, wenn ich dich nicht sprechen kann? Bitte gib mir einen Tipp. Deine Uliana."

Mittlerweile wusste die junge Frau, dass eine Taube als geheimer Briefträger diente und wartete voller Sehnsucht auf sie. Nach einiger Zeit wurde der Brief abgeholt und sie konnte kaum schlafen, da der erste Weihnachtsfeiertag an diesem Jahr wohl etwas Besonderes für sie werden sollte. Doch noch immer war die Frage unklar, wie sie zu Masi gelangen sollte, um mit ihm das restliche Weihnachtsfest zu feiern.

Nach einer unruhigen Nacht öffnete Uliana als Erstes ihr Fenster, um zu schauen, ob vielleicht eine Nachricht da war. Nichts war zu entdecken. Nur der Schnee war durch die Brieftaube ziemlich festgetreten, aber keine Spur einer Nachricht. Trist und wolkenverhangen war dieser Tag, aber dies änderte sich in wenigen Augenblicken.

Nach wie vor war keine Menschenseele auf der Straße oder dem Marktplatz zu entdecken. Uliana verfiel etwas in Trübsinn, denn die Vorfreude auf ein nicht alltägliches Treffen war mittlerweile von erneuter Enttäuschung überlagert.

Die junge Frau nahm an ihrem Tisch Platz und wollte die Lichter an ihrem Weihnachtsbaum anschalten, als es einen ziemlichen Schlag auf ihrem kleinen Balkon tat: Wie von der Tarantel gestochen rannte sie nach draußen und entdeckte eine rote Kerze, die einfach so im Schnee lag. Zurück in ihre Wohnung zündete sie diese ohne Nachdenken sofort an und sie verströmte einen unbeschreiblichen Duft, der Uliana wie in Trance versetzte. Das Gefühl vergangener Zeiten verbunden mit einer Komposition aus Geborgenheit und Vertrautheit machte sich in ihr breit. Zudem schien das Kerzenlicht bei weitem heller und klarer als alles Licht, was man sich nur vorstellen konnte.

Die Frau schaute wie gebannt auf die rote Kerze bis sie urplötzlich sehr müde wurde. Sie schaffte es gerade noch in ihren Sessel und schon war sie eingeschlafen. Wer jetzt denkt, dass sie wirklich eingeschlafen ist, der irrt aber gewaltig. Uliana sah sich als kleines Kind wieder und zwar zu dem Zeitpunkt, bevor es zur Bescherung ging. Sie konnte genau das Erlebnis spüren, das ihr in dieser Situation widerfahren ist. Alles war so, als ob es erst gestern war und nicht schon viele Jahre zurücklag. Aus dem Nichts konnte Uliana eine Stimme vernehmen.

„Wenn du mich treffen willst, dann folge deinem inneren Gefühl. Du bist dein eigener Wegweiser, denn nur du weißt, was für dich am besten ist.", drang an ihre Ohren und noch ehe sie sich versah, öffnete sich die Türe zum Weihnachtszimmer. Da gab es nicht etwa einen Christbaum und Geschenke zu sehen, geschweige denn ihre Eltern, die sie zur Bescherung eingeladen haben. Nein, Uliana befand sich inmitten einer kleinen Gasse. Die hohen Fachwerkhäuser waren festlich geschmückt und darüber hingen kleine Päckchen, die gerade in Greifreichweite waren.

Erneut sprach die geheimnisvolle Stimme: „Willkommen, du bist in der Gasse der Wünsche." Die junge Frau traute weder ihren Augen noch ihren Ohren. Sanft lief sie auf dem schneebedeckten Weg und spürte zugleich die Flocken, die auf sie herabfielen. „Gasse der Wünsche", sprach Uliana laut vor sich hin und dachte nach. Gerade in diesem Augenblick flog ihr ein kleines Geschenk direkt in die Hände. Sie ging noch eine ganze Weile weiter, während sie das Päckchen in ihren Händen hielt.

Ganz leise stellte sich die Frage: Was wünschst du dir? Was wünsche ich dir?

Ich wünsche dir, dass dein Glücksabenteuer von Beständigkeit ist und du bei einem Regenwassertag frappierend und offen bleibst.

Ich wünsche dir, dass du von einer schier unbeschreibbaren Welle von Wohlwollen und Wertschätzung getragen wirst.

Ich wünsche dir, dass die Schwerelosigkeit deiner Träume auch auf deine persönliche Gegenwart übertragen wird und dich im Strudel der Zeit immer wieder mit der notwendigen Courage über alles stehen lässt.

Uliana war von so vielen Gedanken schlicht überwältigt und nahm erst zum Schluss der gehörten Sätze wahr, dass sie sich an einem Haus mit lila Fassade befand. Daneben war ein großer und ungewöhnlicher Baum, der ein mehr oder weniger kurioses Baumhaus hatte.

Jetzt wurde dann auch langsam klar, was es mit dieser Reise auf sich hatte. Uliana war zum Haus von Masi gelangt. Die beiden haben nicht nur an diesem einmaligen Weihnachtsabend ganz viel Zeit miteinander verbracht. Nein, die beiden haben sich auf eine gemeinsame Zukunft vorbereitet, diese aufgebaut und ausgebaut. Uliana konnte ihrem Wunsch nach Entfaltung ihrer Kreativität nachkommen, denn die beiden haben in einem kleinen Geschäft selbstgemachte Bücher und Schreibfedern verkauft. Das Besondere daran ist, dass man sich mit diesen einmaligen Utensilien in verschiedene Geschichten schreiben konnte. Die Zeitzauberfeder hat dabei schon so manche außergewöhnliche Begebenheit gebracht, womit sich der Kreis schließt und wir nun auch wissen, welche Aufgabe der Taube Uli zugutekam.

Während Smüdi diese Geschichte erzählte, wurde klar, wo der Ursprung dieser Grundgeschichte war. Bis zu diesem Zeitpunkt wusste das alles nur der schlaue Fuchs. Wäre er nicht mit dem Weihnachtsbaum von Schnobi Schneebär zusammengestoßen, wäre es nie zu einer Fülle von Informationen gekommen.

Schnobi und Smüdi waren sehr vergnügt und freuten sich, dass beide sich über den Weg gelaufen sind und wurden seit dieser Begegnung sehr gute Freunde.

Während die beiden so gemütlich im Häuschen von Schnobi zusammen saßen, schneite es draußen unermüdlich weiter. Auch hier war der Schneebär sehr erfreut, dass Smüdi ihn bei der Reparatur von Smartsnow so gut unter die Arme gegriffen hatte.

Vor Einbruch der Dunkelheit kam an diesem Tag noch ein unangemeldeter Gast, der die Geschichte zu einer weiteren kleinen Wendung brachte. Die Rede war, wie konnte es anders sein, von der Taube Uli. Wie schon bei der Begegnung zwischen Uliana und Masi war die Taube auch hier am Fenster angelangt, um sich bemerkbar zu machen. Schnobi ließ die Taube sofort in sein Häuschen, damit sich diese zumindest ein bisschen von ihrem Flug erholen konnte.

„Was führt dich denn hierher zu uns, mein lieber Freund?", fragten Smüdi und Schnobi fast im Chor.

„Das wisst ihr nicht? Uliana und Masi haben alle zu einem Wiedersehen in ihrem großen

Baumhaus eingeladen. Und ihr seid auch ganz herzlich willkommen, dort mit uns gemütlich Zeit zu verbringen. Ihr werdet in Kürze dazu noch eine Überraschung bekommen, die euch sicher und schnell dorthin bringt. Jetzt muss ich mich wieder auf den Weg machen, denn ich will vor Einbruch der Dunkelheit wieder zu Hause sein."

Einige Sekunden später war die Taube Uli wieder weg. Schnobi und Smüdi konnten weder etwas sagen, noch sich gebührend von Uli verabschieden. Beide schauten sich verdutzt an, denn das Fenster war doch an sich geschlossen und wie kann die Taube überhaupt wieder auf die Flugroute? Beide dachten nicht weiter nach, sondern waren sehr gespannt, um welche Überraschung es sich wohl handeln möge. Mittlerweile kroch die Dunkelheit aus allen Ecken und machte die Landschaft um Schnobis Häuschen zu etwas Mystischem. Im dumpfen Mondschein glitzerte da an der einen oder anderen Stelle der neu gefallene Schnee wie die Sterne am Himmel.

Schnobi und Smüdi machten es sich auch zu dieser späteren Stunde behaglich und erzählten sich noch mehr kleine und amüsante, vielleicht auch manchmal nachdenkliche Geschichten. Urplötzlich wurden die beiden durch ein pfeifendes Geräusch in ihrem Reden unterbrochen. Während Schnobi ans Fenster eilte, blieb Smüdi gelassen an seinen Platz und harrte der Dinge, die da kommen mögen.

„Hast du schon mal einen beleuchteten und zugleich fliegenden Koffer gesehen?", fragte der Schneebär seinen Freund Smüdi.

„Einen Koffer? Ein Koffer fliegt doch nicht so einfach durch die Gegend und schon gar nicht in der Nacht bzw. am Abend.", entgegnete der Fuchs und blieb weiter ruhig auf seinem Sofa sitzen. Schnobi ging ohne ein weiteres Wort zu sagen nach draußen, denn der Koffer platzierte sich wirklich direkt vor seinem Häuschen.

Ein weiteres Mal den Weihnachtsbaum aufrichten, dazu hatte der Schneebär bei Weitem keine Lust mehr. Die krasse Kälte und der leicht eisige Wind machten Schnobi nichts aus, denn dieser war zu neugierig, was es mit dem Koffer auf sich hatte.

Ein wenig Sicherheitsabstand wahrte der Schneebär, aber dies nützte nichts, denn der Koffer öffnete sich wie von Geisterhand selbst. Schnobi war sowohl von dem hellen, aber auch angenehmen Licht, sowie von dem würzigen Duft, der sich urplötzlich breitmachte, wie gebannt. Smüdi ließ es sich dann auch nicht mehr nehmen und blickte nach draußen.

Es gab kein Zurück mehr! Die beiden Freunde wurden vom geheimnisvollen Koffer wie magnetisch angezogen. Es kamen jetzt auch noch weihnachtliche Klänge hinzu. Smüdi und Schnobi wanderten wie in Trance in das Innere des Koffers. Abgesehen von der Tatsache, dass es ihnen die Worte verschlagen hatte, fühlten sich beide auf einmal federleicht. Es war geradezu ein Zustand vollkommener Leichtigkeit, der sie in ein anderes Reich bringen ließ. Alles war wie im Zeitraffer, den sie gerade durchlebt haben. Wie in einem kleinen Düsenflugzeug mit Überschalltechnik zogen sie an unzähligen Bäumen, Städten, Flüssen und Bergen vorbei. Ob dies nun wirklich nur Sekunden gedauert hat oder auch länger, lässt sich an dieser Stelle nicht mehr nachvollziehen.

In jedem Fall befanden sich Schnobi und Smüdi später in einem wunderschön eingerichteten Raum. Schnobi traute seinen Augen nicht, als er genau seinen Weihnachtsbaum herrlich geschmückt entdeckte. Aber auch sonst war alles überaus festlich und ließ die Vorfreude auf das Weihnachtsfest nicht weiter verbergen. Noch bevor sich beide versahen, waren auch die anderen Freunde aus früheren Geschichten zusammen mit Ihnen anwesend.

Uliana und Masi begrüßten nochmals alle herzlich und begannen sogleich mit dem vorbereiteten Weihnachtsprogramm.

Neben vorzüglichen Essen wurden die einen oder anderen Lieder gesungen und, wie sollte es anders sein, auch neue Geschichten vorgetragen.

Der schlaue Fuchs Smüdi nutzte diese Gelegenheit, um allen sein Vorhaben für das neue Jahr zu unterbreiten:

„Meine lieben Freunde, es ist und war schon immer mein Traum, etwas von meinen Gedanken und Geschichten zu veröffentlichen. Vielleicht wollt ihr auch gerne mitmachen. Ja, ich weiß, es fehlt einem immer die Zeit dafür.", begann Smüdi die Ausführungen.

Fast zeitgleich nahm dieser eine sehr antike Uhr zur Hand. Dieser hatte der Fuchs immer bei sich, nur war die Uhr nicht sichtbar, solange man von seiner Existenz nichts wusste.

Alle Freunde schauten sich fragend und sogleich neugierig an. Smüdi nahm seine Uhr und legte sie auf den großen Tisch. Der Fuchs fuhr weiter fort: „Diese Uhr hier hat die Eigenschaft, dass sie statt vorgeht, die Zeit summiert. Also wir gewinnen Zeit statt wie sonst im Leben diese vergehen zu lassen. Wenn ihr bei meinem Projekt mitmachen wollt, muss ich nur die Zeit antippen und schon haben wir einen Raum, aber kein Zeitgefühl mehr."

Das Besondere an Smüdis Uhr war in diesem Fall, dass es sich um eine Sanduhr handelte. Nach kurioser dabei war: Die Uhr ließ den Sand nicht nach unten sickern, sondern floss geradezu unermüdlicher Langsamkeit von der unteren Hälfte nach oben. Alle Freunde im Baumhaus von Masi und Uliana waren von diesem Vorschlag total fasziniert und wollten am Projekt des schlauen Fuchses sehr gerne mitmachen. Haben sie doch auch in letzten Jahren schon viel gemeinsames erlebt, ist es tatsächlich an der Zeit, einmal die ein oder andere Begebenheit festzuhalten. Bei allem Erzählen sei an dieser Stelle erwähnt, dass Smüdi noch ganz viele Tricks und außergewöhnliche Geräte mit besonderen Funktionen auf Lager hatte.

Nach der Uhr erschienen wie aus dem Nichts eine uralte Schreibmaschine. Die graugrüne Farbe kann man dabei besonders gut erkennen. „Liebe Freunde, auf diesem Apparat kann man die tollsten Geschichten festhalten. Wichtig dabei ist aber, dass außergewöhnliche Papier oder besser gesagt die Blätter, die man dazu verwenden sollte.", erklärt Smüdi stolz in die Runde. Noch ehe sich auch nur ein Gast im Baumhaus versah, kamen verschiedene getrocknete Blätter zum Vorschein. Nein, es waren keine Papierblätter, es waren getrocknete Blätter in allerlei Farben und Größen und Formen.

„Smüdi, wie willst du denn auf diesen Natursachen auch nur einen Buchstaben unterbringen?", fragte Masi beiläufig und sogleich auch auf seine Antwort gespannt. „Nun, das ist ganz einfach. Ich lege das entsprechende Blatt ein und beginne mit dem Tippen oder vielleicht auch zur Abwechslung jemand von euch…", erläutert er sein Vorhaben. Gertrude Ganzgenau und Herr Hansemann entzündeten in diesen Augenblick eine weitere

Weihnachtskerze, die von nun ab den Geist des heiligen Festes für immer bewusst und sichtbar werden ließen. Die Zeit blieb zudem so gut wie stehen und alle Freunde im Baumhaus haben mit der Gestaltung des Werkes „Der Blätterpoet" weiter geschrieben.

Gemäß dem Motto „Besondere Momente brauchen ganz viel Aufmerksamkeit" begannen alle Geschichten, Gedanken oder Sprüche auf den Blättern von Smüdi mit festzuhalten. Dabei kramte Masi auch das eine oder andere Bild aus seinem Archiv, das zu den Geschichten gut passte.

Ergänzend hierzu hat seine Frau Uliana, die mittlerweile ihren künstlerischen Ideen voll und ganz folgte, das ein oder andere liebevoll gestaltete Bild mit in das kleine Werk eingebracht.

Das geheime Ziel von Smüdi war es in diesem Fall, dass durch die neue Sammlung die Zeit zwischen den Weihnachtsfesten, mit all dem, was das Herz begehrt, sozusagen überbrückt. Vielleicht würde „Der Blätterpoet" erst dann wieder vollendet sein, wenn der nächste Tannenbaum im vollsten Glanz geschmückt im Weihnachtszimmer steht. Gemäß dem Motto

„Komme, was da kommen wird", flogen die ersten Gedanken nahezu wie ein Wirbelwind auf eines der unbeschriebenen Blätter.

Brief für die Ewigkeit

Neulich war ich wieder einmal für längere Zeit im Garten. Ich glaube, es war ein herrlicher Tag im Frühjahr, der an Leichtigkeit und Freude einen jahreszeitlichen Beginn nicht zu übertreffen war. Und was macht man während einer solchen Gelegenheit? Klar, du beginnst damit, deine Beete für die neue Saison statt klarzumachen. Genau bei diesem Vorhaben ist es geschehen. Sie tauchte wie aus dem Nichts auf, vielleicht nicht mehr mit dem Glanz der früheren Jahre, sondern etwas abgegriffen. Der Rost der Jahre war nicht zu übersehen, macht aber den Fund absolut keinen Abbruch. Die Rede war hier übrigens von einer alten Lebkuchendose. Achteckig war sie und hatte als Muster eine Silhouette. Diese wurde wohl vor etlichen Jahren genau hier an dieser Stelle in dem kleinen Wäldchen am Rande des Gartens vergraben und wartete nur darauf, dass irgendwann irgendwer diese wieder finden würde. So ist es heute geschehen und es ist wirklich ohne Anlass.

Von der Erde befreit, öffnete ich die Dose und entdeckte darin eine kleine Muschel, eine Plastikkapsel und etliche bemalte Steine. Auf den ersten Blick auch nichts Besonderes, aber beim genauen Betrachten des kleinen gelben Teils wurde schnell klar, dass dies nicht ohne weiteren Inhalt ist. Leicht war dieser und sehr zerknirscht, genau genommen handelte es sich um einen Brief, der mit Überschrift versehen war: Worte für die Ewigkeit.

Liebe Finderin, lieber Finder, vielleicht erreichen dich meine Zeilen zu einem Zeitpunkt, an dem du diese genau brauchst, ohne konkret danach gefragt zu haben. Vielleicht erreichen dich meine Zeilen zu einem Zeitpunkt, an dem du voller Sorge bist, weil du nicht weißt, wie es weitergehen soll. Vielleicht erreichen dich meine Zeilen zu einem Zeitpunkt, an dem du die Gelegenheit nutzt, um einmal ausführlich in dich zu gehen. Egal, es gibt bestimmt noch mehr Anlässe, die ich aufzählen könnte, aber darauf kommt es jetzt nicht an. Worauf es ankommt, ist die Tatsache, was ich dir mit diesen Wörtern auf deinem

Lebensweg mitgeben möchte. Sind deine Erfahrungen noch so umfangreich, tief und bewegend, es gibt immer noch mehr, dass dich in deinem Leben weiter bringt. Manchmal ist ein gewisses Maß an Unvollkommenheit genau richtig. Ich glaube nämlich, dass sowieso niemand sagen kann, ob das, was du machst, überhaupt richtig ist. Für dich mag es sicherlich passend sein, für andere gar nicht. Es kommt auf jeden Fall darauf an, dass du bei allen Vorüberlegungen einfach nach besten Wissen und Gewissen handelst, ohne immer abzuwarten. Die verbundene Erfahrung macht dich um Wesentliches reicher. Worin besteht hier die Kunst? Die Kunst ist, genau die Augenblicke zu erkennen und zu entdecken, was sie dir bieten können. Aber das ist noch nicht alles, was viel wichtiger ist, ist auch die Chance zu ergreifen, um etwas daraus zu machen. Manche sammeln Gegenstände, ich finde das Sammeln von persönlichen Wertschätzungen und weiterbringenden Erlebnissen um vieles wertvoller als alles andere. Die Kunst besteht auch darin zu entdecken, dass du diesen Geist lenken und dich somit darauf konzentrieren kannst. Bei allen noch so schwierigen Situationen mag dies eine feste Erkenntnis sein, und wird dir Zuversicht und Hoffnung für das zugeben, was kommen mag. Ich frage mich oft, was es mit dem Gedanken und dem Erleben des Moments auf sich hat. Ist man nicht immer irgendwo in seiner Vergangenheit oder seiner unmittelbaren Zukunft? Das mag schon sein.

Was merkst du dir aus diesem Moment, was bleibt in deinem Herzen? Ich wünsche dir, dass du neben dem Vertrauen und der Liebe ganz besonders viel Lebensfreude hast und weiterhin bekommst. Lass sie dir nicht nehmen, lass dich nicht von äußeren Umständen vereinnahmen oder dein Gleichgewicht ins Ungleichgewicht bringen. Du weißt ja gar nicht, ob es bei den Mitmenschen auch so ist. Möglicherweise ist bei denen ja alles egal und sie sehen nur sich. Alles ist im Fluss, dass es geschehen soll wie es sein soll. Dabei musst du nicht anders sein, als du bist. Du weißt, dass es genau richtig ist. Also nimm die Gelegenheit an die Hand, lebe und erlebe das Leben. Jeder neue Moment ist ein Geschenk für dich, dass dich reicher werden lässt. Ich freue mich auf deine Erkenntnis und weiß, dass ich diese zu einem jetzt noch nicht festgelegten Umstand geteilt bekomme. Viel Freude, Glück, Gesundheit und Zufriedenheit auf deinem Lebensweg.

Diese Zeilen schrieben dir dein Unterbewusstsein, deine innere Stimme, die alles um dich zum Strahlen bringt.

Knut Knopfs Knopfkarussell

Es war ein sonnendurchfluteter Nachmittag Anfang des neuen Jahres. Der Stille der letzten Tage schimmerte und glitzerte wie eine helle Schicht, die nicht nur die Natur, sondern auch das kleine Städtchen in eine besondere Art der Ruhe versetzte.

Zeit genug, um einmal das Geschäft von Knut Knopf auf Vordermann zu bringen. Schon seit Wochen war der Verkauf seiner Waren untersagt worden, weil man sich nicht mehr in der Öffentlichkeit versammeln oder gar andere Personen treffen sollte. Bereits seit fast einem Jahr suchte eine nicht klar definierbare Krankheit die Welt heim und machte allen das Leben nicht gerade leicht.

Knut Knopf nutzte die Chance der Stunde und bereitete sein Geschäft für eine hoffentlich absehbare Wiedereröffnung vor. Der kleine Verkaufstisch wurde dabei zunächst gründlich gesäubert und das direkt dahinter befindliche Regal akribisch genau sortiert.

Herr Knut Knopf war ein Mann im fortgeschrittenen Alter, der den Laden von Generationen seiner Familie übernommen hatte. Auch wenn viele Kunden nur noch virtuell ihre Einkäufe erledigten, hielt Herr Knopf weiterhin an seinem Verkauf fest. War es für die Menschen doch nicht nur ein Wechsel Ware gegen Geld, nein, es war auch immer stets ein nettes verbindliches und persönliches Gespräch, was Knut zu einer Art Aushängeschild werden ließ.

Dies gefiel dem Inhaber schon immer sehr, aber derzeit gab es außer seinem Hund in der Tat wenig bis keine Ansprache für ihn. Knut Knopf war Händler für alles rund um das Thema Nähen, Basteln und Gestalten. Hier gab es alles, was das Herz begehrte und zwar sofort zum Mitnehmen.

Am besagten Nachmittag war unser Händler damit beschäftigt, sich einen Überblick über seine Ware zu verschaffen und diese möglichst attraktiv herzurichten. Draußen vor dem

Schaufenster liefen vereinzelt Menschen mit grimmigen Gesichtern und manche mit deutlich gesenktem Haupt durch die schneebedeckte Fußgängerzone.

„Eigentlich herrlichstes Winterwetter", dachte Knut und sah zu seinem Hund Bello, der es sich am Kamin gemütlich gemacht hat. Irgendwie schien dieser zu schlummern, hat aber ein Ohr mindestens immer auf Empfang.

„Den Menschen ist aber auch nicht zu helfen klar, die Situation ist nicht gerade gut und die weltweite Krise scheint uns weiterhin fest im Griff zu haben. Bringen aber auch Krisen nicht immer etwas mit sich, dass man als neue Erfahrung für die Zukunft am Ende verwenden kann?", grummelte Knut weiterhin vor sich hin.

So in Gedanken versunken ertönte wie aus heiterem Himmel ein lautes Klopfen. Der Händler hatte gerade eine große Dose voller Knöpfe in den verschiedensten Farben in seiner Hand und ließ diese vor Schreck fallen. Unzählige große und kleine Knöpfe verteilten sich auf dem Boden und auch sein treuer Freund Bello war gerade total erschrocken. Allerdings vergaß dieser den Schreck sehr schnell wieder und hüpfte aufgeregt an die

Fensterscheibe. Schließlich erkannte auch Knut, dass sein alter Freund Hubertus Hofmeister vor dem Laden stand. Knut öffnete die Geschäftstür und hielt einen kleinen Plausch mit dem unvorhergesehenen Besucher.

„Sag mal, wie läuft es bei dir, mein Lieber?", begann Hubertus das Gespräch.

„Frage nicht. Mir fehlen die Kunden, die Gespräche und leider auch der ein oder andere Nickel zum Sparen. Die Welt ist verrückt geworden. So eine Zeit habe ich noch nie erlebt.", merkte Knut Knopf an. „Du hast recht. Keiner schaut mehr so richtig nach vorne. Die Nachrichten erdrücken einen und wir sind wie in einer Sackgasse.", bestätigte Hubertus die Gedanken seines Freundes.

Beide verharrten noch einige Zeit gemeinsam und tauschten sich über die Gesamtsituation aus. Schließlich kamen sie zum Fazit „Wir müssen versuchen, die Situation mit Geduld auszuhalten und nicht die Nerven zu verlieren."

Doch wie schaffte es Knut, dass er den Menschen in seiner unmittelbaren Umgebung ein Zeichen von Hoffnung geben konnte? „Sag mal, Knut, was machst du da eigentlich mit den vielen Knöpfen hier? Warum liegen die überhaupt auf dem Boden?", fragt Hubertus weiter.

Doch ehe Knut Knopf auch nur ein Ansatz als Antwort geben konnte, kam ihm eine Blitzidee. „Du bist der Beste! Ich hab's!", schrie der Kaufmann plötzlich vor lauter Freude. „Ich muss jetzt weitermachen, Hubertus. Wir sprechen uns bitte bald wieder. Jetzt habe ich keine Zeit mehr.", triumphierte Knut und schloss hastig die Ladentüre.

Hubertus Hofmeister ging mit Kopfschütteln weiter und schenkte seinem Freund keine weitere Aufmerksamkeit. Er war so verwirrt über das abrupte Ende des Gesprächs, dass er nicht einmal den mittlerweile aufkommenden leichten eisigen Wind spürte. Knut Knopf hingegen beeilte sich, alle auf dem Boden verstreuten Knöpfe wieder sicher und zuverlässig in seinen Gefäß zurückzulegen. Bello schien sich nun auch vollends von dem Schock erholt zu haben und begab sich erneut gemütlich an seinen Platz vor dem Kamin.

Bello, so musste man wissen, ist ein wahrer Genießer und es gab nichts Schöneres für ihn, als sich zwischen seinen Leckerlis und seinem warmen Plätzchen hier niederzulassen.

Knut war kurze Zeit später endlich mit dem Aufheben aller Knöpfe fertig und nahm hinter seinem Verkaufstisch Platz.

Was war ihm plötzlich in den Sinn gekommen? Noch immer dachte er inständig nach. Leicht abwesend wanderte sein Blick von seinem kleinen Laden durch das Schaufenster nach draußen zur Fußgängerzone. Der blaue Himmel mit dem herrlich fast schon frühlingshaft anmutenden Sonne wurde zunehmend bewölkt und die Nacht eilte in großen Schritten heran.

„Morgen sollte es soweit sein. Morgen sollten alle Menschen in dem kleinen Städtchen von mir eine Botschaft bekommen. Morgen sollten alle für einen Moment aus dem Nachdenken über diese ungewöhnliche Zeit herausgerissen werden. Doch wie stelle ich das bloß an?", sinnierte Knut Knopf so vor sich hin. Hinzukam das Problem, dass man nach 21:00 Uhr nicht mehr auf die Straße durfte.

Wenn doch, dann konnte einem das ziemlich teuer werden, und jede Menge Ärger mit der Polizei zusätzlich einbringen. Die Uhr im Geschäft von Herrn Knopf zeigt inzwischen 18:30 Uhr und noch immer war es nicht klar, wie er seinen Plan in die Tat umsetzen würde.

Manchmal liegen, stehen oder sitzen die Lösungen zu aktuellen Fragen ganz nah vor einem und man erkennt diese bloß nicht. Vor Knut lag die aktuelle Tageszeitung. Diese wird jeden Tag in der Stadt verteilt, besser gesagt in der Nacht. Knut hatte nun einen Plan und da er ein traditioneller Händler war und jeden in der Stadt kannte, war es eine leichte Übung, den Zeitungsausträgern von seinem Vorhaben am Telefon zu berichten.

Da in diesem Städtchen noch echter Zusammenhalt gepflegt wurde, haben sich alle Beteiligten mit Begeisterung vom Plan von Knut Knopf überzeugen lassen. So kam es, wie es kommen musste bzw. sollte. Knut stellte den sieben Austrägern noch rechtzeitig vor ihrem Dienstbeginn und vor Beginn der Ausgangssperre seine kleinen Päckchen mit Knöpfen zur Verfügung. Dank moderner Technik gelang es dem Händler auch für alle Empfänger eine kleine Botschaft zu Papier zu bringen:

„Liebe Mitbürgerinnen und liebe Mitbürger, liebe Bekannte und Freunde, große Dinge kann man nicht ohne weiteres verändern. Euer Einfluss auf das Geschehen mag nicht immer besonders bedeutsam sein. Aber denkt in kleinen Dimensionen, überlegt euch, wo wir nachhaltig so manches Gute auf den Weg bringen können. Immer, wenn ihr ein Erfolgserlebnis habt, nehmt den Knopf den ich euch heute mit sende und reibt an ihm. Bleibt einmal der Erfolg oder ein Ergebnis aus, so nehmt diesen als Ansporn für eure Durchhaltekraft. Gerade in dieser außergewöhnlichen Zeit dürft ihr den Knopf immer wieder verwenden, um euch alles Positive, was euch im Leben widerfahren ist, ins Gedächtnis zu rufen. Wir halten zusammen und überstehen diese Phase, wie lange und intensiv sie auch sein wird. Es wird der Tag kommen, an dem wir voller Stolz festhalten dürfen, dass wir stark genug gewesen sind. An diesem Tag legen wir alle unsere Knöpfe zusammen an den kleinen Hügel vor unserer Stadt und erfreuen uns an der neuen und wiedergewonnenen Freiheit sowie Lebenserfahrung. Ich vertraue auf euch und ich freue mich auf ein gesundes Wiedersehen. Wir spüren, wenn die Zeit gekommen ist. Euer Knut Knopf."

Ein paar Monate nach dem Aufruf des Knopfhändlers war es soweit:

Sämtliche Beschränkungen wurden schrittweise rückgängig gemacht. Überall verschwanden die verdeckten Gesichter der Menschen zugunsten von Lächeln und zunehmender Fröhlichkeit.

Genau an diesem Tag spürten es die Menschen in dem kleinen Städtchen und sie pilgerten zu dem beschriebenen kleinen Hügel vor ihrer Heimatstadt.

Still und mit Erfolg legten sie jeden Knopf wahllos neben dem anderen. Was heraus kam war eigentlich kein richtiges Bild, es war vielmehr ein Mosaik aus prächtigen Farben und Formen, wie es einmaliger nicht sein konnte. So vielfältig und besonders das Leben auch ist, wenn man auch nur genau hinschaut und manchmal durch Zurückhaltung Großes bewirken kann.

Knut Knopf eröffnete sein Laden wieder und erfreute sich an den Gesprächen mit seinen Kunden. Auch sein Freund Hubertus Hofmeister kam das ein oder andere Mal vorbei und dabei wurde er nicht nur an der Türe besonders freudig von Knut und Benno empfangen.

Eigentlich ist doch immer Weihnachten
(ein Versuch, eine Legende zu erfinden, ohne vorher nachzudenken)

Es muss irgendwann im Spätherbst gewesen sein, so genau kann es die Überlieferung nicht mehr sagen. Auf jeden Fall ereignete sich die kleine Legende, die ich euch heute erzählen möchte beim Brotbäcker Bob Brosius und seinen zwei Mitarbeitern. An diesem Tag war zunächst alles wie immer. Bob begann mit seiner Brotkunst noch zu nachtschlafender Zeit in seiner Backstube. Das ist ein riesiger Raum mit ebenfalls überdimensionalen Öfen. Kein Wunder, denn sowohl im angeschlossenen Verkaufsladen, als auf dem Wochenmarkt wurden seine erzeugten Genüsse immer wieder aufs Neue gut und gerne nachgefragt. Bob hatte noch eine Mitarbeiterin Anna Anstoß und Sönke Sorgenknecht. Beide halfen ihm schon über Jahre beim Vorbereiten seiner Backarbeiten, wie auch beim Verkauf seiner Leckereien. Anna und Sönke sind auf der einen Seite erfahrene Kollegen, auf der anderen Seite haben beide auch ihre Tücken, die Bob des Öfteren auch mal gewaltig wütend machen können.

Nicht, dass es jetzt bei der Legende falsch zu verstehen ist: Bob ist ein herzensguter Mensch, nur manchmal und genau in einer solchen Situation merkt man, dass diese ihm nicht gefällt. Der Bäckermeister bekommt dann nämlich immer einen unausstehlichen Schluckauf. Seine Mitarbeiter haben sich schon oft gefragt, wie das zu einer solchen Reaktion kommen kann, aber nie gemerkt, dass es mit ihrem unmittelbaren Verhalten zusammenhängt. Was macht die beiden so aus? Das ist wohl eine sehr einfach zu beantwortende Frage: Anna Anstoß ist von Haus aus eine Person, die in vielen Situationen immer gleich Unruhe hat bzw. Angstgefühle bekommen. Das kann ganz schön an die Substanz gehen, denn normalerweise besteht nicht in jedem Moment eine Gefahr für Leib und Leben.

Anders gelagert ist es bei Sönke Sorgenknecht. Dieser Zeitgenosse ist von jener Art, die man nie etwas recht machen kann, der immer unzufrieden ist und pausenlos nörgelt. Stellt sich jetzt die weitere Frage, warum gerade diese beiden bei einem Brotbäcker arbeiten.

Ganz klar: Auf den ersten Blick merkt man die Eigenschaften nicht und wenn die Kunden da sind, dann setzt man immer eine Maskerade auf, damit es keiner merkt. Dies ist aber für Sönke und Anna gleichermaßen nicht immer einfach, denn neben Überwindung kostet dieses Verhalten auch jede Menge Energie.

Nun aber zu unserer Ausgangssituation: Es war wieder einmal einer dieser Tage, an denen beide Mitarbeiter ihre Mätzchen ganz besonders zur Schau trugen. Anna dachte nur „Was ist wohl, wenn ich heute nicht mit den Kunden klarkomme? Jeder Tag ist trotz meiner Erfahrung ein neuer Anfang und wer weiß, was alles geschehen mag. Ich würde nur zu gerne mehr Einfluss auf alles haben. Nicht nur hier in der Backstube, sondern grundsätzlich in meinem Leben. Loslassen sagen alle immer. Selbstvertrauen haben und stärken. Ich solle nicht mir im Weg stehen, sonst werde ich meine Aufgaben nie richtig machen. Ach, ich weiß nicht, wahrscheinlich bin ich für die Arbeit hier nicht die richtige Person. Man sieht doch immer zuerst nicht die Stärken, auch wenn man wohlwollend mit jemanden spricht. Vielleicht muss ich alles in meinem Leben überdenken?"

Solche Überlegungen hatte Anna viele und auch nicht zu selten. Doch wie sollte die Mitarbeiterin diese jemals in den Griff bekommen?

Nicht viel anders war es bei Sönke. „Nichts ist richtig. Der Chef sagt immer, dass ich gründlicher sein soll. Zum Donnerwetter aber auch. Auf der einen Seite freut er sich, dass ich da bin. Auf der anderen Seite höre ich immer wieder Kritik und nie ein Lob. Der Erfolg der Backmanufaktur hängt an meiner Mitarbeit. Da bin ich mir ziemlich sicher. Ach, wüsste ich doch nur einen Ausweg und eine Möglichkeit, meinem Chef zu beweisen, dass ich ein guter Mitarbeiter bin und er mit mir den richtigen Kollegen hat. Aber wie nur?"

Die Legende berichtete an dieser Stelle von vielen weiteren Gedankengängen, auf die jetzt aber verzichtet werden sollen. Vielmehr ist der Blick auf all die Ereignisse der fortlaufenden Woche in der Backstube zu lenken: Es war kurz vor Weihnachten, als der Brotbäcker Bob die Nachricht bekam, dass sein Bruder Pete Penelope dringend seine Hilfe brauchte. Bob war bekannt dafür, dass er ein hilfsbereiter Zeitgenosse war und schon gar nicht in der Familie eine Bitte ausschlagen konnte.

Anna und Sönke mussten den Tag vor Weihnachten alles alleine organisieren vom Brotbacken bis zum Verkauf und am Abend der Abrechnung der Tageseinnahmen. Bob war schon zu sehr früher Zeit aufgebrochen, um rechtzeitig bei seinem Bruder zu sein. Dieser hatte eine Weihnachtsbaumfarm und zum Ende der Saison einen Großauftrag bekommen. Gut 99 Bäume an einem Tag auszuliefern bedarf tatsächlich einer tatkräftigen Unterstützung.

„Das ihr mir ja keine Dummheiten macht. Das wird schon klappen mit euch beiden. Bin ja heute zur Nacht wieder da.", ermahnte und motivierte Bob seine beiden Mitarbeiter zugleich.

Der Verkaufstag verlief überraschenderweise ganz gut. Die Sorgen und Gedanken der beiden Mitarbeiter hielten sich ebenfalls zum Glück in Grenzen. Alles in Ordnung, bis wohl eine halbe Stunde vor Ladenschluss doch noch eine äußerst bemerkenswerte Situation gab: Sönke war gerade dabei die Backstube auf Vordermann zu bringen, während Anna die letzten Brote zum Verkauf zusammen legte. Fast schon unbemerkt standen zwei Kunden im Verkaufsraum vor der Glastheke. Anna war gerade so vertieft, dass sie das Klingeln an der Türe gar nicht wahrgenommen hatte. Vielleicht hat die Tür aber auch gar nicht das akustische Signal gegeben, das ist eines der ungeklärten Fragen dieser kleinen weihnachtlichen Legende.

„Guten Abend, werte Frau, wir hätten gerne zwei Gewürzbrote.", begann eine der beiden Kunden zu sprechen. Anna murmelte nur „Haben wir heute nicht mehr. Müssen Sie morgen wiederkommen." Dabei würdigte die Verkäuferin den beiden Kunden nicht mal einen Blick. Hätte sie das getan, würden zwei außergewöhnliche Gestalten in ihre Aufmerksamkeit fallen. Im Geschäft waren ein Mann und eine Frau, die beide eine überdimensionale, graue Kapuzenjacke anhatten. Dadurch konnte man von ihnen kaum etwas Genaues erkennen. Aus dem Backraum ertönte es nur: „Doch, doch haben wir! Ein Moment bitte!"

Anna war ganz überrascht, als Sönke die beiden gewünschten Gewürzbrote in den Verkaufsraum brachte. In diesem Augenblick trafen sich die Blicke von allen vier Personen. Es lag urplötzlich wie ein Zauber im Raum.

„Schön, dass sie noch zwei Brote verkaufen können.", entgegnete der Mann hinter seiner Kapuze versteckt. Sönke murmelte nur „Irgendwie habe ich gedacht, dass diese beiden Brote vorbestellt waren. Aber sicher war ich mir nicht, wohl meine innere Stimme. Aber was soll's, so ein Quatsch, den ich erzähle."

Anna blieb stumm und musterte die beiden Kunden ganz innig. „Zu blöd aber auch. Jetzt haben wir gar kein Geld dabei und die Bankkarte liegt zu Hause auf dem Küchentisch.", entgegnete die Frau den beiden und erntete dabei gar keine unpassende Antwort, was man sonst vielleicht erwartet hätte.

Anna und Sönke schauten sich fragend an, bis einer der beiden Kunden eine vollkommen unerwartete Reaktion von sich gab. „Morgen ist Weihnachten und wir könnten euch die beiden Brote mit einer weihnachtlichen Gabe bezahlen. Vielmehr ist es ein Tausch. Aber das darf keiner weiter erfahren. Euer Chef soll dabei aber auch nicht leer ausgehen oder gar betrogen werden. Wir haben auch etwas für ihn. Also abgemacht?", fragte der Mann und hoffte insgeheim, dass es kein Ablehnen seiner

Antwort gab. Das war auch nicht der Fall. Anna und Sönke nickten nur beiläufig und waren schon sehr gespannt, um welche Sache es sich dabei handelt.

Simultan nahmen die beiden Kunden eine kleine, braune Schmuckschatulle aus ihrer Kapuzenjacke und stellten sie auf den Tresen.

„Also, meine zwei werten Verkäufer. Das ist der Geist der Weihnacht. Jeder von euch darf seine Schatulle so oft aufmachen, wie man nur will. Ebenso dürft ihr sie solange aufhaben, wie ihr wollt. Eines darf aber nicht passieren: Ihr dürft die Schatulle niemals verlieren. Und noch etwas: Eure verborgenen Sorgen, Nöte und Gedanken, die wahrscheinlich fürwahr unnötig sind, dürft ihr euch zum Beispiel damit auch weg wünschen. Vertraut uns: Das klappt, wenn man nur daran glaubt. Ach, hier ist die dritte Schatulle für euren Chef. Diese gebt ihr ihm ohne große Worte, denn er weiß ganz bestimmt, wie er selbst damit umgehen muss.", sprachen die beiden Kunden und waren nach dem letzten Satz wie vom Erdboden verschwunden.

Anna und Sönke waren wie gebannt. Als wenige Augenblicke später der Laden geschlossen wurde, schauten die beiden in die

Schmuckschatulle ohne auch nur das geringste Wort zu sagen.

Die Legende überlieferte an dieser Stelle, dass sich in jeder der beiden Schatullen etwas Besonderes befand. Genauer gesagt war es eine winzige Kugel, die frei in der Schatulle schwebte, wenn man diese öffnete. Der Geist der Weihnacht sollte dieses Sinnbild verkörpern. Wie es weiterhin in der Legende hieß, half genau dieses Symbol Anna und Sönke ihre ungeliebten Eigenschaften aus einer anderen Perspektive zu sehen. Schließlich haben die negativen Erfahrungen, die zu solchen Gedanken gebracht haben, immer mehr an Bedeutung verloren und irgendwann geholfen, diese vollkommen loszulassen. Und Bob? Dieser war auch vom Geist der Weihnacht umhüllt worden und freute sich darüber, weitere unzählige und vor allem unbeschwerte Jahre mit Anna und Sönke zu verbringen.

Die alte Spinnerei

Das waren noch Zeiten, als es richtige Winter gab und man einfach so rausgehen durfte, ohne sich gleich irgendwelche Sorgen zu machen.

Irgendwie kann ich mich gar nicht mehr erinnern, wann das genau war, aber es war tatsächlich so. Genau an einem solchen Moment spielt auch die kleine Geschichte in der alten Spinnerei.

Ich weiß es noch ganz genau, wie diese in ihrer Glanzzeit an der Straßenkreuzung in der Nähe des Bahnübergangs stand. Ein roter Backstein auf den anderen war gereiht und dazwischen große, schwarz umrandeten Fenster, die beim Vorbeilaufen den einen oder anderen Blick in das Innere des Gebäudes ermöglichten. Jedenfalls ereignete sich die Sache Anfang des Jahres. Der Schnee der letzten Tage lag Zentimeter dick auf den sonst ansehnlichen Grünflächen, die es rund um die alte Spinnerei gab. Im Sonnenschein glitzerte dieser sanft und in der kalten Luft lag bereits der Vorbote nach weiteren Schneefällen. Allen Meinungen zum Trotz: Man riecht es, wenn neuer Schnee kommt und ja, nicht jeder hat diese Gabe. Davon aber soll jetzt nicht weiter die Rede sein, sondern von einer Begebenheit, wie sie sich vielleicht bisher noch nie in einer Spinnerei abspielte. Genau genommen begann alles damit, dass eine grasgrüne Isetta am späten Vormittag Halt an der Spinnerei machte. Kurze Zeit später stiegen ein Mann und eine Frau mittleren Alters aus dem Auto aus. Beide waren sehr vornehm gekleidet, wobei der Mann einen schwarzen Aktenkoffer in seiner rechten Hand trug. Vielmehr konnte man auf den ersten Blick nicht erkennen, denn die beiden scheinbar unangemeldeten Besucher verschwanden sogleich an der Pforte.

Paco Pfiffig, der jahrzehntelange Pförtner und wohl schon zum Inventar gehörig, stoppte die beiden. „Guten Tag. Wohin des Wegs, wenn ich fragen darf?", begrüßte er die Besucher kurz, aber freundlich.

„Wir haben keine Zeit. Bitte informieren Sie Ihren Chef, dass wir da sind. Aber ein bisschen plötzlich!", fuhr der Mann Herrn Pfiffig über den Mund.

„Schon gut, schon gut. Und wer sind denn wir, wenn ich diese Nachfrage noch stellen darf?", entgegnete der Pförtner näher und schaute dabei mit einem schelmischen Grinsen unter seiner blauen Kappe hervor.

„Sie kennen uns nicht! Was ist denn das wieder? Ist denn das die Möglichkeit, Henriette? Das wird Sie Ihren Job kosten und jetzt komm, ehe wir noch wertvolle Zeit verlieren.", forderte der Mann seine Begleitung auf und nahm von Paco Pfiffig keine weitere Notiz.

Noch ehe sich dieser versehen konnte, sind die beiden Besucher einfach weiter gelaufen und schnurstracks über den Hof, der von der alten Spinnerei wie eine Festung umzingelt wurde. Paco war schockiert und hörte nur noch die Wortfetzen der Frau: „James, warte doch bitte. Der freundliche Herr macht auch nur seine Arbeit." Aber diese Aufforderung nutzte nichts. James Jefferson lief selbstbewusst trotz des hohen Schnees auf die hohe große Eingangstür zu und wurde mit etwas Abstand von Henriette Holdrio begleitet.

Paco Pfiffig löste sofort den Sicherheitsalarm aus, wodurch ein lautes Sirenengeheul deutlich hörbar wurde. Zeitgleich versuchte er, den Chef der Spinnerei zu erreichen, bekam allerdings nur seine Sekretärin ans Telefon. „Fräulein Dumpfnudel, wir haben da ein Problem. Zwei Personen haben sich unerlaubterweise auf unser Gelände begeben. Ich habe alles mögliche getan, aber sie ließen sich beim besten Willen nicht aufhalten.", sprudelte es nur mit geradezu großer Sorge aus Paco heraus.

„Aber nun beruhigen Sie sich erst mal, Herr Pfiffig. Ich richte es dem Boss aus, nur der ist gerade in einer Besprechung. Weit kommen die beiden ja nicht, denn der Haupteingang ist verschlossen.", versuchte Fräulein Dumpfnudel den Pförtner zu besänftigen. Und in der Tat war es so. Mit noch so viel Energie und Rütteln versuchte James Jefferson die Eingangstüre zu öffnen.

„Lass es, du siehst dass diese verschlossen ist.", sprach Henriette zu ihrem Begleiter. Dieser legte nochmals nach. Zum Rütteln brüllte Herr Jefferson noch kräftig los: „Man lässt mich nicht so einfach stehen. Ich will den Chef sprechen. Und zwar sofort und gleich! Hallo, hört mich denn niemand?", schrie er mit voller Inbrunst aus sich heraus. Paco beobachtete mittlerweile wieder etwas beruhigter das Schauspiel von seinem Pförtnerhaus und bemerkte auch, dass Fräulein Dumpfnudel das Fenster von ihrem Büro öffnete. Was in diesem Augenblick noch keiner wusste, war die Tatsache, dass sich etlicher neuer und leichter Schnee auf dem Fensterrahmen angesammelt hatte. Unbedacht öffnete die Chefsekretärin das Fenster, welches genau oberhalb der Eingangstüre im ersten

Stockwerk lag. „Patsch" machte es und Herr Jefferson bekam eine mächtige Portion Schnee direkt auf den Kopf und in seine Kapuze, die an seinem Mantel trug.

„Sabalot. Na können Sie denn nicht aufpassen? Sie, sie, Sie törichte Person da oben.", rief James mit hochrotem Kopf zu Fräulein Dumpfnudel und versuchte sich, dabei vom Schnee zu befreien.

Die Chefsekretärin, wie auch Henriette Holdrio, konnten sich ein Kichern über diesen Anblick nicht verkneifen. Das brachte das Fass so gut wie zum überlaufen: „Was gibt es da zu lachen! Ich will jetzt endlich den Chef sprechen. Ihr werdet euch noch alle wundern. Wartet es nur ab!", fauchte James die beiden Frauen an und war so gut wie schneefrei.

„Einen Augenblick bitte. Ich komme zu Ihnen nach unten und öffne die Türe", sprach Fräulein Dumpfnudel zu den Besuchern.

Wenige Minuten später befanden sich Henriette und James zusammen mit der Sekretärin in einer Art Empfangshalle. In der Mitte stand ein alter Schreibtisch mit einer überdimensionalen Lampe und nicht weniger davon entfernt eine kleine Sitzgelegenheit.

„Wenn Sie bitte ablegen würden, die Herrschaften. Bevor ich es vergesse: Wen darf ich anmelden?", fragte die Sekretärin freundlich nach. James Jefferson stellte mit voller Wucht seinen Aktenkoffer auf den Tisch und zog den Mantel aus. Leider vergaß er wohl in diesem Dilemma, dass sich noch Schneerest in seiner Kapuze befand und bekam somit eine zweite Portion des kalten Stoffes ab.

„Sie kennen uns auch nicht? Das ist ja die Höhe! Ich bin James Jefferson und das ist meine Kollegin Henriette Holdrio. Wir kommen von der Company Baum und Fäll, einer internationalen Vereinigung für Spinnereien.", entgegnete James der Chefsekretärin harsch und reichte ihr unfreundlich eine Visitenkarte.

„Einen Moment bitte. Ich werde Sie beim Chef anmelden.", begegnete Fräulein Dumpfnudel den beiden Besuchern. Lange dauerte es nicht und der Chef der alten Spinnerei ging ganz langsam und genüsslich die Wendeltreppe herunter, die in den Empfangsraum führte. James und Henriette blieben zunächst sitzen und warteten der Dinge, die da kommen mögen.

„Einen schönen guten Tag, meine Herrschaften. Auch wenn mein Terminkalender bis oben voll ist und ich Besuche nur nach vorheriger Anmeldung empfange, will ich heute gerne eine Ausnahme machen. Daher…"

Mehr konnte der Inhaber der Fabrik nicht sagen, da ihn James Jefferson gleich ins Wort fiel. „Ja, ja, ja, ich will Zahlen sehen, damit der Verkauf noch möglichst heute über die Bühne geht. Also, nein, mein werter Exleiter der Spinnerei. Her mit dem Material und zwar pronto!", schrie Herr Jefferson den mittlerweile vollkommen von der Rolle befindlichen Henry Durchblick an.

„Wie bitte? Was wollen Sie? Wer hat hier etwas von Verkauf gesagt?", wollte er nur zu gerne wissen und nahm neben den beiden Besuchern Platz.

„Noch mal von vorn: Wir sind hier, weil wir unsere Company Ihre alte Spinnerei aufkauft. Nein, nicht aufkaufen möchte sondern aufkauft. Sie haben schon richtig gehört.", sprach James mit etwas versöhnlicherer Stimme auf den Chef ein.

„Wir haben nicht die Absicht zu verkaufen. Abgesehen davon sind die Zahlen gut und unser Geschäft läuft.", entgegnete er den beiden.

Henriette meldete sich schließlich zu Wort: „Werter Herr Durchblick, wenn ich richtig recherchiert habe, wir sind doch am Erhalt Ihrer Anlage interessiert. Es ist nur, sagen wir mal, eine reine Maßnahme zur wirtschaftlichen Vorsicht. Wer will denn schon Ihre ehemalige Spinnerei am Rande des Bankrotts sehen? Sie wissen schon, wie ich das meine, mein Teuerster.", sprach Henriette Holdrio zu ihm und ließ dabei ihren falsch aufgesetzten Charme spielen.

Die Situation spitzte sich doch etwas zu, als Herr Jefferson die schwarze Aktentasche öffnete. Auf den ersten Blick konnte Henry seinen Augen nicht trauen. So viel Geld hatte er selbst in seinen besten Geschäftsjahren noch nicht gesehen. Für einen Bruchteil einer Sekunde war für ihn klar, dass er sich dieser Gelegenheit nicht entziehen sollte und vielleicht doch verkaufen könnte. Aus diesen Gedanken wurde er aber zum Glück durch seine Chefsekretärin herausgerissen, die plötzlich wieder auftauchte.

„Wünsche Sie vielleicht ein Heiß- oder Kaltgetränk?", fragte sie aufmerksam. „Danke, wir haben dazu keine Zeit. Wir machen jetzt noch einen Rundgang durch die Spinnerei. Sie und Herr Durchblick können währenddessen Ihre wichtigsten Sachen zusammenpacken und innerhalb der nächsten 30 Minuten sind Sie hier verschwunden. Das ist eine Anordnung und zugleich auch ihre Entlassung. Und nun ran an die Arbeit.", forderte Herr Jefferson die beiden auf.

Fräulein Dumpfnudel und Herr Durchblick waren von der Situation und der Ansage wie geplättet und wusste nicht mehr, was sie tun sollten. Wie selbstverständlich standen Herr Jefferson und Frau Holldrio auf und liefen selbstbewusst auf die nächste Türe zu, hinter der sich wohl die Produktion verbarg. „Fräulein Dumpfnudel, wir können das nicht zulassen. Unsere Spinnerei, unser Geheimnis, keiner von außen darf davon erfahren. Bitte tun Sie doch etwas.", flehte Henry seine langjährige vertraute Sekretärin an und versank voller Verzweiflung im Sessel am Empfangsbereich.

„Keine Sorge, ich regle das schon für uns. Bleiben Sie hier und lassen Sie mich machen.", besänftigte Fräulein Dumpfnudel ihren Chef. „Auf ein Wort bitte Moment!", rief die Sekretärin den beiden zu.

„Was gibt es denn noch? Sie sollen Ihre Sachen packen und mit Ihrem Chef verschwinden. Es ist jetzt unsere Spinnerei. Also, worauf warten Sie noch?", pflaumte Herr Jefferson sie an.

„Nein, es ist nur wegen.....", stammelte die Sekretärin. „Wegen, wegen was?", forderte der Geschäftsmann eine unmittelbare Antwort.

„Na wegen den Sicherheitsvorschriften. Ganz einfach. Sie brauchen beide eine Schutzbrille, damit beim Durchlaufen durch unsere Fabrikation aber wirklich nichts passiert.", versicherte Fräulein Dumpfnudel und holte aus dem Nebenzimmer die entsprechenden Sicherheitsbrillen.

Etwas widerwärtig setzten die beiden Besucher diese auf und folgten der Chefsekretärin in die Produktion. Henry atmete auf und war zudem sehr froh darüber, dass seine Angestellte clever und spontan reagiert hatte.

Er dachte nur: „Wäre auch nur zu dumm gewesen, wenn die hinter unser Geheimnis gekommen wären."

„Wenn ich bitten darf.", forderte die Sekretärin die beiden Besucher auf. Henriette und James folgten ihr und waren trotz aller Überheblichkeit zu Beginn jetzt von Neugierde gespannt.

Die Sekretärin dachte sich bloß insgeheim: „Zum Glück verschleiern die Brillen alles, was nicht für neugierige Augen gedacht ist." Langsam und gemächlich liefen die drei Personen durch die Produktion. Es wäre reichlich unspektakulär gewesen, denn außer allerlei Wolle und Fäden war neben entsprechenden Maschinen und vielen Geräuschen nichts wahrzunehmen.

Herr Jefferson war trotz der ernüchternden Gesamtsituation weiterhin davon überzeugt, dass er diese Spinnerei von nun an sein Eigen nennen möchte. Fräulein Dumpfnudel appellierte nochmals an ihre Vernunft: „Werte Herrschaften, überlegen Sie mal: Hier gibt es nichts. Unsere Maschinen laufen langsam und bringen zwar guten Ertrag, aber was muss man sich wirklich das antun? Vielleicht später einmal, wenn wir noch profitabler sind. Was denken Sie?", setzte sie mittlerweile viel mutiger eines drauf.

Bis zu diesem Augenblick lief alles noch gut, denn Herr Jefferson kam in der Tat ins Grübeln.

„Nun ja, Sie haben vielleicht recht. Unsere Company will weiter wachsen und nicht in eine gewisse Ertragsschieflage abrutschen. Nun, ich muss dann nochmals mit der Zentrale in Kontakt treten. Lassen wir alles mal so, wie es war.", sprach der Unternehmer auf einmal wesentlich versöhnlicher und vor allem freundlicher.

Fräulein Dumpfnudel fiel ein Stein vom Herzen. Sollte sie doch mit der Hilfe der Trickbrille es geschafft haben, den unumstößlich scheinenden Verkauf gestoppt zu haben? Auf den letzten Metern vor dem Ausgang aus der alten Spinnerei nahm die Situation nochmals eine überraschende Wendung.

„Hehe, hehe. Das kitzelt. Lass das!", überkam es Herrn Jefferson mit einem Mal. Und der spontanen Probleme nicht genug, musste dieser durch das Lachen seine Schutzbrille verrutscht haben. Was dann geschah, entzog sich jeglicher Vorstellung. „Moment mal, Teuerste! Wollen Sie mich veralbern? Ich glaube, ich sehe nicht recht?", erzürnte es Herrn Jefferson in diesem Moment.

Da war es geschehen! Nur weil ihm die Brille so verrutscht war. Das eigentlich trübe Bild, das sich den beiden Besuchern bot, wurde genau ins Gegenteil umgewandelt. Statt stupide laufende Maschinen waren unzählige Schmetterlinge zu sehen. Diese flogen munter durch die Luft und webten die farbigsten Wollfäden, die man sich nur vorstellen kann. Außerdem war die Halle nicht dunkel, sondern hell erleuchtet. Fräulein Dumpfnudel konnte die Dinge nun auch nicht mehr aufhalten. Wie sollte sie es ihrem Chef oder vielleicht nun doch Ex-Chef erzählen?

Henriette Holdrio nahm mittlerweile auch die Brille ab, die als Schutz getarnt war und eigentlich eine Trickserei war. Sie war ebenso wie ihr Kollege von der Einmaligkeit des Augenblicks wie in den Bann gezogen. Trotz der Hektik und der Vielzahl strahlten die arbeitenden Schmetterlinge in der alten Spinnerei eine gewisse Art von Gelassenheit aus, die sich ganz schnell auf die drei anwesenden Personen übertragen hatte. James Jefferson berührte der Moment derart, dass er sich in seine Kindheit zurückversetzt fühlte.

Ganz schwärmerisch erzählte er: „Früher als Kind, da habe ich fast jede freie Minute auf der riesigen Blumenwiese hinter unserem Haus verbracht. Schmetterlinge haben mich schon immer fasziniert. Schaut euch mal an, wie fein und liebevoll sie die Wollfäden bearbeiten. Ich könnte hier noch stundenlang zusehen."

Danach verstummte der zunächst arrogante Geschäftsmann und war seit diesem Moment wie ausgewechselt. Henriette Holdrio sprach ebenfalls über vergangene und schöne Zeiten mit Fräulein Dumpfnudel.

Irgendwie schien diese Situation ein offenes Ende zu haben, da keiner mehr von der Stelle weichen wollte. Zunächst besorgt, aber kurz um auch wieder sichtlich erleichtert betrat Henry Durchblick die Fabrikhalle. Als er sah, was hier vor sich ging, musste er nicht viel dazu tun, um die ursprüngliche Situation zu regeln.

„Da bin ich aber froh, dass es Ihnen gut geht und Ihnen unsere Spinnerei gefällt. Ich hoffe, dass Sie gute Gründe in ihrer Company vorbringen, damit Sie eine Verkaufsablehnung erklären können.", versuchte Henry Herrn Jefferson weiter zu beschwichtigen.

„Keine Sorge. Wir waren ja nicht hier bzw. Ihre Spinnerei wirft keinen Gewinn ab. Kein Gewinn, keine Übernahme. Ganz einfach. So etwas Herrliches habe ich seit Jahrzehnten nicht mehr gesehen oder gar erlebt.", schwärmte James nach wie vor vor sich hin.

Fräulein Dumpfnudel und Henry Durchblick waren erleichtert, dass sie ihre Spinnerei behalten konnten und es zu keiner feindlichen Übernahme kam. Wie sich später herausstellte, wechselte James Jefferson sein Aufgabengebiet. Er zog es vor, nicht nur auf Kommando Firmen zu übernehmen. Nein, der Geschäftsmann wechselte komplett die Branche. Von seinem erwirtschafteten Gewinn erwarb er eine herrliche Farm, die er zusammen mit seiner Exkollegin Henriette Holdrio bewirtschaftete. Die gegenseitige Zuneigung der beiden wurde zwar im Alltagsleben zunächst nicht deutlich, aber im Laufe der folgenden Monate nach dem Besuch der alten Spinnerei immer wieder mehr. Ein glückliches Ende einer zu Beginn vielleicht etwas ausweglosen Situation.

Denken wir also künftig immer daran: Mögen die Fakten zunächst nicht klar oder gar negativ sein, so braucht es meist einen weiteren Blickwinkel. Ist dieser neutral und ohne Vorurteil, kann noch so manch komplexer Ausgangspunkt immer wieder etwas Gutes mit sich bringen.

Die Weihnachtszeit im Baumhaus der Familie Masionelli bekam durch den Besuch aller Freunde der letzten Jahre dieses Mal einen ganz besonderen Glanz. Für alle war es eine besondere Freude und ein Erlebnis gleichermaßen, sich zu sehen und dabei die eine oder andere Geschichte zu hören.

Die Idee des „Blätterpoeten" bildete dabei den diesjährigen Höhepunkt und gleichzeitig einen würdevollen Abschluss der Sammlungen von Geschichten. Am liebsten würden alle die Uhr von Smüdi noch unendlich weiter laufen lassen, aber der Lauf der Zeit holt wohl irgendwann doch alle Beteiligten wieder ein.

Die Taube Uli drehte auch an diesem Weihnachtsmorgen wieder ihre Runden um das Anwesen von Uliana und Masi. Die klare Winterluft unter schneebedeckte Landschaft war aus der Perspektive der Taube wie immer ganz besonders sehenswert.

Uli freute sich auch, dass alle Beteiligten der letzten Jahre gemeinsam und unbeschwert die Festtage miteinander verbrachten und nahm auf der Spitze des Baumhauses seinen gewohnten Platz ein.

Danksagung

Mit sehr großer Freude bedanke ich mich ganz herzlich bei Frau Martina in mittlerweile bewährter Tradition.

Bedanken heißt dabei für mich zum Ersten für die unzähligen Anregungen beim Schreiben der neuen Geschichten zum Weiterdenken.

Bedanken möchte ich mich zum Zweiten für die liebevolle Gestaltung des Titelblattes zu diesem neuen Geschichtenband.

Bedanken schließlich zum Dritten für die Zeit mit dem Lektorat der Texte.

Bisher erschienen

Süßigkeiten zum Lesen
ISBN-13: 9783746013794

Weihnachten auf Schloss Fantasie
ISBN-13: 9783746013930

Lebkuchengasse
ISBN-13: 9783752891874

Zirinis Zauberstube
ISBN-13: 9783750409682

Die Zeitzauberfeder
ISBN-13: 9783752606027

Kreativitäten und Denkwaren - Spontanliteratur
ISBN-13: 9783740769345